만화로 보는
한국근현대사

혁명과 박헌영과 나 — 2부 ③
해방 후 3년간 박헌영의 활동과 그 역사적 배경

무너진 하늘

이 책은 이정 박헌영의 기록을 통해 일제강점기부터 해방까지 독립운동가들의 치열했던 삶을 그리고 있다.

나는 이 자리에 오기 훨씬 전부터 살아서 나갈 수 없는 신세임을 느끼고 있었다. 이 재판은 말 그대로 요식일 뿐, 어떠한 최후 진술도 너희들의 각본을 뒤집을 수 없다는 사실을 잘 알고 있다. 그렇다면 결론부터 말하겠다. 너희들의 주장대로 나는 미제의 간첩이었다. 그러나 너희들이 주장하는 미제 간첩과 내가 주장하는 미제 간첩은 엄격히 다르다. 나는 남조선에 있을 때, 아니 그 훨씬 전부터 미국 사람들과 교분이 있었다. 그 교분은 조국의 해방과 통일된 조국 건설을 위한 차원이지 결코 간첩행위가 아니다. 남조선에서 나는 미군정 고위장성들을 만나 내가 통일조국의 최고 책임자가 되면 미국과도 국가 정책을 협의할 수 있다고 분명히 밝혔다. 내가 약속한 그 협의는 현재 소련과 미국의 두 지도자가 서로 얼굴을 맞대고 국제문제를 협의하고 있는 것과 같은 맥락이다.

– 1955년 12월 재판, 박헌영 최후진술 중에서

혁명과 박헌영과 나
해방 후 3년간 박헌영의 활동과 그 역사적 배경

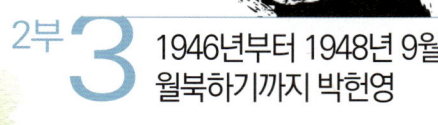
무너진 하늘

2부 3 1946년부터 1948년 9월
월북하기까지 박헌영

이정기념사업회

피 끓는 젊은이들의 기록

일본 총리가 야스쿠니 신사 참배를 하면 우리나라뿐만 아니라 중국 미국을 비롯하여 아시아 각국의 톱 뉴스거리가 된다. 일본 총리가 자국의 신사를 참배하는 것과 우리나라 대통령이 국립묘지를 참배하는 것이 뭐 그리 큰 차이가 있을까? 태평양 전쟁을 일으킨 일본 전범들의 위패가 있는 야스쿠니 신사를 참배한다는 것은 일본 제국주의의 침탈로 엄청난 희생을 치러야 했던 상처를 들쑤시는 일임을 요즘의 젊은이들은 알아야 한다. 독도를 지키는 일의 중요함을 알려면 우리나라가 일본에 강점당했던 시기의 역사를 뼈아프게 되새겨봐야 한다. 20세기의 역사를 모르고 21세기를 열 수는 없기 때문이다.

20세기의 세계는 인류 역사상 가장 큰 격동의 100년이었다. 두 번의 세계 대전을 겪었고 자본주의와 공산주의 체제로 나뉘어 살얼음판을 걸으며 이데올로기 전쟁이라 불리는 냉전의 시기를 거쳤다. 그 치열한 두 번의 세계대전과 냉전의 소용돌이 속에서 우리나라는 빠져 나오지 못하고 있었다.

그 역사의 중심에서 치열하게 살았던 사람들 가운데 박헌영이 있다. 그러나 남에서도 북에서도 그는 버림받은 사람이다. 우리는 그의 생애를 통해 우리나라 현대사가 어떻게 일그러지게 되었는지, 왜 우리의 삶이 아직도 이데올로기의 벽에 갇혀 있는지 알 수 있다.

우리 민족의 가장 치욕스러운 역사인 일제강점기를 피 끓는 젊은이로 살았던 사람들, 그래서 선각자 소리를 들었던 사람들, 그러나 그들의 나이는 고작 십대, 이십대였다. 그런 그들이 일제 강점기의 역사를 어깨에 짊어지고 그 어두운 시대의 등불을 밝혔다. 『꽃다발도 무덤도 없는 비운의 독립운동가─만화 박헌영』은 박헌영을 중심으로 그들의 이야기를 풀어 나간다.

전국 각지에서 잘나고 똑똑한 젊은이들이 경성으로 모여들어 3·1운동을 주도하고, 일부는 국내에서, 일부는 해외로 나가 조국 독립과 일본 제국주의의 축출을 위한 독립운동에 매진했다. 그때 식민지 청년들은 러시아혁명의 성공으로 탄생한 소비에트 정권에 커다란 충격을 받고, 식민지 해방을 지원해주는 소비에트 연방과 식민지를 소유하고 있는 제국주의 국가의 자유민주주의 이념 가운데 어느 쪽을 선택할 것인가 하는 문제로 치열한 논쟁을 벌였다. 게다가 식민지 해방을 위해 무장투쟁을 할 것인가, 제국주의 열강들에게 평화적인 외교로 그 부당성을 호소할 것인가 하는 투쟁 방법을 두고도 갈등을 겪어야 했다. 어느 쪽이 옳았다고 말할 수는 없다. 역사는 그 답을 말해주지 않는다. 하지만 분명한 것은 모든 독립운동가들의 삶은 기록되어야 하고, 그들의 삶은 역사적 사실로 남아야 한다는 것이다. 역사는 사실의 기록이기 때문이다.

박헌영의 독립운동 자료를 발간하기 위해 역사학도들이 국립중앙도서관, 국회도서관, 미국문서기록보존소, 러시아문서기록보존소에서 11년간 자료를 찾아 모은 노력의 결실로 2004년 권당 600~700쪽에 달하는 전집 9권을 출간했으며, 이를 통해 일제 강점기에 피 끓는 젊음을 불살랐던 박헌영의 삶에 일반 대중이 접근할 수 있는 길을 찾아 보았다. 그리고 남녀노소가 쉽게 근현대사를 이해할 수 있게 하려고 만든 만화 『꽃다발도 무덤도 없는 비운의 독립운동가―만화 박헌영』을 10여 년에 걸친 수정과 보완 과정을 통해 전6권에 담아 2014년 개정판으로 출간했다. 그 후 다시 4년의 고된 작업 끝에 해방 후 3년간 박헌영의 활동과 그 역사적 배경을 다룬 『혁명과 박헌영과 나―무너진 하늘』이라는 3권의 후속편을 펴냄으로써 길고 길었던 대장정을 끝마치게 되었다.

산 자의 그리움이 족쇄가 되어 시작한 일은 전집 작업 11년, 만화 작업 14년, 도합 25년의 사반세기 세월을 보내고서야 온전한 박헌영의 기록으로 남게 되었다. 책을 읽지 않는 세태에 근현대사에 쉽게 접근할 수 있는 역사 기록으로 이 만화책이 쓰임이 있기를 바랄 뿐이다.

원경 대종사(조계종 원로의원)

이 책이 나오기까지

남에서는 월북한 남로당의 괴수, 북에서는 미제의 간첩으로 1956년 김일성에 의해 처형당한 박헌영!

1980년대의 끄트머리를 보낸 나에게는 일제강점기의 항일운동가이며 혁명가인 박헌영에 대한 개인사는 의문투성이였고, 쉽사리 알 수 없는 인물이었다.

그러던 중 1994년 『역사비평』 여름호에 소련의 여류학자 사브리나 쿨리코바 여사가 쓴 「소련의 여류 역사학자가 만난 박헌영」과 1997년 『역사비평』 여름호에 실린 「혁명과 박헌영과 나」라는 글을 보게 되면서 언젠가 때가 되면 인물 근현대사로 박헌영을 그려보겠다는 소망을 갖게 되었다.

막연히 품었던 소망은 2004년 역사학자들의 11년간에 걸친 노력으로 역사문제연구소가 발행한 『박헌영 자료전집』(전 9권)의 심포지엄 및 출판기념회와 임경석 교수의 『이정 박헌영 일대기』를 접하면서 구체화되었다. 박헌영의 생애를 만화로 그리겠다는 작은 소망은 이 자료들을 바탕으로 시작할 수 있게 되었다.

처음 생각했던 분량은 200페이지 5권 정도였다. 하지만 작업을 하다 보니 욕심이 생겼다. 그 분량으로는 박헌영과 경성콤그룹 핵심 인물들만 담기에도 벅차기 때문이다. 또 당시의 시대 상황을 모르고서는 박헌영을 제대로 이해하기 어렵다는 생각에 역사적 배경을 설명해야 할 필요성도 절감했다.

그리고 만화를 그리는 동안 안재성 선생님의 『박헌영』, 『이현상 평전』 등과 같은 새로운 역사들이 발굴되었다. 사전조사를 하면서 알게 된 박헌영의 누나 조봉

희와 그 아들 한산스님의 이야기는 만화 원고 분량을 대폭 늘리는 계기가 되었다.

 암울했던 격동의 시대에 조국과 민족을 위해 바람처럼 왔다가 구름처럼 흩어져 간 비운의 독립운동가들의 삶을 가능한 한 많이 기록해보자는 욕심이 과해 생각보다 많은 시간을 잡아먹었다.
 작업 기간만 10여 년의 시간을 훌쩍 넘기면서 내 능력의 한계를 절감했다. 이 기간은 내 안의 모든 에너지를 쥐어짜내는 고난의 시간이었지만, 내 능력에 새롭게 도전하고 고뇌하는 시간이기도 했다. 어쩌면 『꽃다발도 무덤도 없는 비운의 독립운동가—만화 박헌영』은 나 자신의 성찰 기록인지도 모른다.
 만화를 그리면서 역사에 누를 끼치는 일이 없도록 픽션을 최대한 자제하고 사료와 여러 인물들의 진술에 입각한 사실적인 이야기를 그리려 노력했으며, 극적인 구성들은 합리적인 수준에서만 그리려 최선을 다했다.

 『꽃다발도 무덤도 없는 비운의 독립운동가—만화 박헌영』은 해방 이전까지의 내용을 6권에 담았다. 이제 4년여의 시간을 들여 해방 후 3년간 박헌영의 활동과 그 역사적 배경이 되는 『혁명과 박헌영과 나—무너진 하늘』(전 3권) 작업을 끝내게 되었다.
 이로써 14년에 걸친 박헌영에 대한 기록을 마치게 되었다. 이 책이 근현대사를 그리는 역사만화의 시작이 되기를 바랄 뿐이다.

만화가 유 병 윤

2부 3권 등장인물

김일성 본명은 김성주로 중국공산당에 소속된 항일유격부대와 연합하여 동북항일연군의 지휘간부로 활동하다가 해방 후 북한의 조선공산당 북조선분국의 책임비서로 선출된 후 북한 단독정부의 내각수상이 되었다.

김재봉 일제강점기에 활동한 독립운동가로, 초대 조선공산당 책임비서를 지낸 공산주의자이다. 일제 경찰에게 혹독한 고문을 받아 그 후유증으로 해방되기 전인 1944년에 사망했다.

박비비안나 박헌영과 주세죽 사이에서 태어난 딸로, 소련의 모스크바에서 자라 발레리나가 되었다.

샤브신 소비에트연방의 군인이자 외교관으로 해방 전후 시기에 서울의 소련 영사관 부영사로 근무하며 국내 공산주의자들에게 많은 도움을 주었다.

송진우 일제강점기에 중앙중학교의 교장을 지낸 교육자로, 동아일보 사장을 지낸 언론인으로 활동했던 독립운동가이다. 해방 후 우익세력을 규합하여 한국민주당을 결성하고 수석총무가 되었다. 임정을 지지했으나 미군정의 한국인 고문이 되면서 김구보다는 이승만과 가까워졌다.

스탈린 레닌 사후 소비에트연방의 서기장이 된 최고 권력자였다. 제2차 세계대전이 일어나자 미국과 함께 독일과의 전쟁에서 연합국의 승리를 이끌었다. 해방 후 조선공산당의 정책노선에 지대한 영향을 끼쳤다.

여운형 상해임시정부 의정원 의원을 지낸 독립운동가로, 해방 후 조선건국준비위원회를 조직하고 그 위원장이 되었다. 김규식 등과 함께 좌우합작운동을 전개하다가 1947년 저격을 당해 사망했다.

원경(박병삼) 박헌영의 아들. 박헌영과 둘째부인 정순년 사이에서 태어났다. 고아가 되어 배를 곯다가 사촌형이자 박헌영의 동지인 한산스님을 만나 지리산 빨치산들과 생활하기도 했으며, 2015년 조계종의 최고 법계인 대종사 법계를 받았다.

이강국 독일 유학 후 돌아와 공산주의운동에 투신했다. 해방 후 북조선인민위원회 사무국장이었으며, 한국전쟁 당시 인민군 야전병원장을 지냈다. 남로당 사건으로 군사재판에서 사형선고를 받고 처형되었다.

이관술 일제강점기에 경성반제동맹을 이끌고 조선공산당재건운동을 한 사회주의 운동가로, 해방 이후 조선공산당의 재정부장으로 활동했다. 조선정판사 위폐사건으로 미군정 경찰에 검거되어 무기징역형을 선고받고 수감되었으나 한국전쟁 발발 직후 처형당했다.

이범석 일본 육사 출신으로 일본군을 탈영해 광복군의 제2지대장을 지냈다. 해방 후 조선민족청년단의 대표가 되었다.

이승만 상해임시정부의 임시 대통령이었으나 임시정부 의정원에 의해 탄핵되었다. 해방 후 귀국하여 우파의 주요 정치인으로 활동하다가 대한민국 정부 수립 후 초대 대통령이 되었다.

이승엽 일제강점기 공산청년동맹에서 활동했으며, 해방 후 조선공산당 정치국원으로 활동했다. 한국전쟁 발발 후 서울시 임시인민위원장을 지냈으나 남로당계 숙청재판에서 사형을 선고받고 처형되었다.

이주하 원산총파업에 참여했으며, 김삼룡과 함께 남로당을 지도했다. 경찰에 체포된 뒤 북에 억류되어 있던 조만식과의 교환 제의가 있었으나 한국전쟁이 발발하자 즉결처형되었다.

조봉암 일제강점기에 사회주의 항일운동을 했다. 해방 이후 농림부장관, 국회의원, 국회부의장 등을 역임한 정치인으로 1956년 진보당 대통령 후보로 출마했으나 낙선했다. 1958년 간첩죄 및 국가보안법 위반 혐의로 검거되어 1959년 7월 사형이 집행되었다. 2011년 1월 재심의 대법원 판결로 무죄가 확정되어 신원이 복권되었다.

주세죽 3·1운동 때 함흥에서 만세운동을 주도했으며, 박헌영과 결혼해 딸 비비안나를 두었으나 사회적 위험분자로 몰려 카자흐스탄에서 오랜 유형생활을 하다가 모스크바에서 사망했다.

하 지 미 육군 제24군단장으로 해방 후 미군정 사령관을 겸직했다.

한 산 박헌영의 누나 조봉희의 아들로 세속명은 김제술이다. 박헌영의 혁명 동지 가운데 한 사람이다. 불가에 귀의하여 '한산'이라는 법명을 가진 스님이 되었으며, 박헌영의 어린 아들 박병삼을 동자승으로 출가하게 하여 승가의 길로 이끌었다. 국군의 토벌 와중에서 지리산 남부군과 함께 산중생활을 하던 소년 박병삼을 탈출할 수 있도록 도왔다.

현앨리스 한국 이름은 현미옥. 1920년대부터 박헌영과 교분이 있었으며, 해방 후 주한 미24군단 정보참모부 민간통신검열단의 부책임자였다. 두 남동생과 함께 공산주의자였으며, 미국으로 추방되었으나 북한에 입국했다가 박헌영의 미국간첩사건에 연루되었다.

처형되기까지의 박헌영

1946년 1월 2일 새벽(47세) 평양에서 서울로 귀환했다. 박헌영은 평양에서 신탁통치에 대한 진실을 알고 귀환하여 조선공산당 중앙위원회 명의로 모스크바 3상회의 결정 지지 성명서를 발표했다.

1946년 1월 3일 조선공산당 중앙위원회 선전부가 "모스크바 3상회의의 결정이 조선의 자주독립 요구와 배치되지 않는다"는 내용의 담화를 발표했다.

1946년 1월 11일 미군 사령관 하지와 회견하고, 반탁 대중집회 허용 금지를 요청했다.

1946년 1월 11일 미국 국적의 한인 현앨리스(Alice Hyun)와 회견했다. 박헌영이 만난 현앨리스는 미국공산당에 가입하고 1945~46년 한국에서 미군정 산하 민간통신검열단에서 근무했다. 미국으로 되돌아간 현앨리스는 그 후 체코 프라하를 경유하여 북한에 입국했다. 6·25전쟁 직전에 '미제의 고용간첩'이라는 혐의로 체포, 처형되었다.

1946년 1월 16일 서울 중앙방송국 라디오방송을 통해 조선공산당 중앙위원회 대표 명의의 "3상회의의 조선에 대한 결정을 지지하자"라는 내용의 연설문을 정태식의 대독으로 발표했다.

1946년 1월 24일 밤 서울 중앙방송국 라디오방송을 통해 조선공산당 중앙위원회 총비서 명의의 "오늘 정세와 우리 민족의 살길"이라는 제목으로 연설했다.

11946년 1월 30일 조선공산당 중앙위 선전부는 담화를 발표하여 좌익에 대한 근거 없는 비방문서가 살포되고 있는 데 대해 유감을 표시했다.

1946년 2월 2~5일 『조선인민보』에 「신탁(후견)제와 조선(상, 중, 하)」을 기고했다. 박헌영은 제2차 세계대전 이전에 식민지였던 세계 각 지역에 대해 미·영·소 3국이

어떠한 정책을 취하고 있는지를 개관한 뒤, 신탁제는 '식민지의 즉시 완전해방'을 의미하는 것은 결코 아니지만 국제정치의 실제 문제로 파악해야 한다고 말했다.

1946년 2월 15~16일 종로 YMCA에서 열린 민주주의민족전선 결성대회에 참석했다. 박헌영은 대회 첫날, 해방 후 처음으로 공개된 군중집회에 모습을 드러냈다.

1946년 2월 16일 박헌영은 본명으로 『해방일보』에 「불란서에 있어서의 민주주의 정부 출현」을 기고했다.

1946년 3월 2일 서울에 체류 중인 미국인 공산주의자들과 회견했다. 이 자리에는 현앨리스를 비롯한 한국계 미국인 3인도 동석했다.

1946년 3월 5일 조선공산당 중앙위원회는 부족한 식량문제에 대한 8개 사항의 구체적 해결책을 발표했다.

1946년 3월 20일 조선공산당 중앙위원회는 제1차 미소공동위원회 개막에 즈음하여 「미소공동위원회에 대하여 우리는 이렇게 기대한다」는 성명서를 발표했다.

1946년 3월 20일 조선공산당은 토지개혁을 요구하는 성명 「토지문제 해결에 대하여」를 발표했다.

1946년 3월 22일 미소공동위원회에 제안하는 임시정부 수립원칙을 발표했다. 박헌영은 반드시 민주주의적 원칙에 따라 수립된 정부만이 일본 잔재를 숙청할 수 있고 조선의 정치, 경제, 문화 재건에 있어 그 역사적 임무를 다할 수 있다고 했다.

1946년 3월 27일 유피(UP)통신 호이트 기자와 서면 인터뷰를 했다. 박헌영은 "이승만이 친일파를 옹호하는 무원칙한 통일을 주장하고, 3상회의 결정을 반대하는 반인민적 친파쇼적 반동 정치가"라고 평했다.

1946년 3월 28일 조선공산당 중앙위원회는 이승만이 공산당의 주장을 왜곡했다고 항의하는 담화를 발표했다.

1946년 3월 29일, 30일 『해방일보』에 「이승만씨의 '데마'를 폭로한다」(상, 하)는 글을 기고했다. 박헌영은 민주주의적 발전을 위해 분투하고 있는 조선공산당을 이승만이 근거도 없이 조선에서 공산주의를 실현하려고 한다며 모략선전을 하고 있다고 비난했다.

1946년 4월 3일 평양에서 김일성, 소련군 사령부 인사 등과 회담했다.

1946년 4월 5일 평양에서 조선공산당 북조선분국 집행위원회에 참석했다. 의제는 임시정부 수립문제였다.

1946년 4월 9일 조선공산당 중앙위원회는 이승만의 남조선 단독정부 수립 음모를 비난하고 미소공위 제4호 성명을 환영하는 담화문을 발표했다.

1946년 4월 11일 미소공동위원회 대표 환영 시민대회에 참석하여 조선공산당을 대표하여 연설했다. 박헌영은 인민의 이익을 대표할 민주정권을 세우자고 연설했다.

1946년 4월 24일 박헌영은 하지 중장의 성명에 대해 그 내용이 미소공동위원회에 협력하여 조선독립을 꾀하라고 권하는 것이므로 지지한다고 밝히는 기자회견을 했다.

1946년 4월 29일 모스크바에 거주하는 딸 박비비안나에게 편지와 사진을 발송했다. 박헌영은 한글을 모르는 딸을 위해 러시아어로 편지를 썼다.

1946년 5월 8일 미소공동위원회가 무기한 휴회에 들어가고, 공산당 간부 박낙종 등이 위조지폐사건 혐의로 미군정 경찰에 체포되었다.

1946년 5월 15일 민전의장단의 5인(여운형, 허헌, 박헌영, 김원봉, 백남운) 공동 명의로 휴회된 미소공위 재개를 촉구하는 성명서를 발표했다.

1946년 5월 18일 미군 첩보기관 CIC 요원들이 조선공산당 당사와 해방일보사 사무소를 수색했다.

1946년 5월 21일 조선공산당 서기국은 위조지폐사건에 관해 성명서를 발표하여 위조지폐사건은 별개의 장소에서 별개의 인물에 의해 이루어졌다고 밝혔다.

1946년 6월 4일 조선공산당은 남조선 단

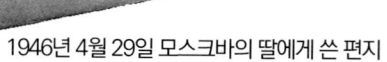

1946년 4월 29일 모스크바의 딸에게 쓴 편지

독정부 반대 담화를 발표했다.

1946년 6월 13일 조선공산당 서기국은 독립촉성중앙협의회 대회석상에서 이승만이 행한 반공 발언에 대응하여 「파시즘의 광신자인 이승만을 국외로 추방하라」는 성명서를 발표했다.

1946년 6월 29일 평양에서 남북한 공산주의운동 지도자들의 정책협의회에 참석했다. 박헌영은 남한 여운형 주도의 좌우합작운동은 통일전선을 분열시키려는 미군정에 놀아나는 것으로 판단했다.

1946년 7월 1일 조선공산당 대표단의 일원으로 모스크바를 방문하여 10여 일간 체재하면서 소련공산당 지도자들과 회견했다. 스탈린은 좌익 공산당, 인민당, 신민당 3당을 통합하여 노동당의 '3당 합당'을 권했다. 박헌영은 모스크바에 살고 있던 딸 박비비안나와 상봉했다.

1946년 7월 9일 조선공산당은 위조지폐사건 혐의로 체포된 이관술의 무죄를 주장하며, 즉각 석방을 요구하는 담화를 발표했다.

1946년 7월 말 평양을 방문하여 김일성과 회동했다. 박헌영은 북조선공산당 조직위원회와 상무위원회에 참석하여 합당문제, 좌우합작운동에 대한 대책, 미소공동위원회 재개운동 전개 등에 관해 협의했다.

1946년 8월 3일 미군정의 1년간 통치실적을 비난하고, 하지 중장에게 정권을 인민위원회로 이양할 것을 요구하는 편지를 보냈다.

1946년 8월 3~4일 조선인민당 중앙위원장 여운형이 공산당과 신민당 앞으로 3당 합당을 제의하는 서한을 보내왔다. 조선공산당 중앙위원회가 인민당의 3당 합당 제안을 검토하기 위해 소집되었다.

1946년 8월 4일 「강제 합작은 절대 반대」라는 담화를 발표했다.

1946년 8월 6일 조선공산당 총비서 자격으로 3당 합당 요청을 수락하는 담화문을 발표했다.

1946년 9월 6일 박헌영은 이주하, 이강국, 권오직 등 조선공산당 요인들과 함께 미군정 경찰에 의해 체포 대상자로 지목되었다.

1946년 9월 11~21일 5~6차례 비밀리에 열린 민전 의장단회의에 참석했다. 박헌영은 여운형, 허헌, 김원봉, 백남운과 미군정의 좌익 탄압에 대한 대책을 논의하기 위한 민전 의장단회의에 참석했다.

1946년 9월 21일 민전 의장단회의에서 대미협조노선 철폐를 재확인했다. 미군정이 추진하는 입법기관 설립에는 절대 반대할 것을 재결의한 것이다.

1946년 9월 23일 부산 철도종업원 7천 명의 파업으로 9월 총파업이 시작되었다.

1946년 9월 29일 월북하기 위해 서울을 출발했다. 박헌영은 관에 담겨서 이동했으며, 산악을 헤매며 월북했다.

1946년 9월 30일 경찰과 우익단체가 서울 철도파업단을 습격하여 유혈진압했다.

1946년 10월 1일 대구에서 민중항쟁이 발발한 이래 11월 중순까지 경남북·충남북·경기도 일대로 확산되었다.

1946년 10월 6일 평양에 도착했다.

1946년 10월 10일 이정(而丁) 명의로 「민주 독립을 위한 투쟁의 남조선의 현단계와 우리의 임무」를 발표했다.

1946년 10월 15일 남한의 10월항쟁과 3당 합당 등에 대해 북로당 지도부와 협의했다. 박헌영은 10월항쟁에 관해 보고했다.

1946년 10월 하순 비밀리에 38선 이남인 개성에 잠입하여 1주일간 머물면서 조선공산당 간부들과 접촉했다.

1946년 11월 초 평양에서 남로당 준비위원회와 북로당 정치위원의 연석회의를 갖고 남한의 운동 정세를 협의했다. 박헌영은 남로당 재북 지도부를 만들고 당 간부 양성에 주력하기로 했다.

1946년 11월 11일 남로당 준비위원회는 성명서를 발표하여 "인민봉기 참가자에 대한 탄압을 중지하고, 투옥된 인사들을 무조건 석방하라"고 요구했다.

1946년 11월 23~24일 조선공산당, 조선인민당, 남조선신민당 3당이 합당하여 남조선노동당 결성대회를 열었다.

1946년 12월 11일 북한 주재 소련 민정청장 레베데프와 회견하고, 남한 자치기관 선거에 대한 대응책을 논의했다.

1946년 12월 27일 소련군 민정사령관 로마넨코 소장과 회견하고, 남한의 지방 자치기관 선거와 입법의원 참여 여부에 관해 협의했다.

1947년 1월(48세) 대남사업 해주연락소를 설치했다.

1947년 2월 24일 남로당 중앙위원회는 전농의 남조선 토지개혁안에 대한 지지 성명을 발표했다.

1947년 2월 27일 경무국장 장택상이 박헌영 체포에 현상금으로 황금 120돈쭝을 내걸었다.

1947년 3월 21일 미군 정보문서에 "총선거가 실시된다면 공산당 지도자 박헌영이 대통령에 당선될 가능성이 있다"고 전망했다.

11947년 6월 11일 남로당 중앙위원회는 박헌영 체포령 철회 담화를 발표했다.

1947년 6월 18일 남로당 중앙위원회에서 미소공위의 협의에 참가할 당 대표자로 선임되었다.

1947년 7월 19일 서울 혜화동 로터리에서 여운형이 암살되었다.

1947년 8월 4일 미소공위의 업무 진행에 관해 미소공위 소련 측 대표 스티코프, 김일성과 협의했다.

1947년 8월 11일 남로당은 미소공위 미국 수석대표 브라운 소장에게 서한을 보내 3상 결정을 지지하지 않은 정당·사회단체를 협의대상에서 제외할 것을 요구했다.

1947년 10월 18일 제2차 미소공동위원회가 무기 휴회되었다.

1948년 1월 28일(49세) 남로당 중앙위원회는 유엔 한국위원단에 항의서를 보냈다. 조선 문제에 관한 유엔 결정은 독립이 아닌 예속의 길, 통일이 아닌 분단의 길이라고 규정하고, 유엔 한국위원단의 미국 대변자 역할 중지와 미·소 양군의 공동 철병을 주장했다.

1948년 2월 7일 유엔 한국위원단에 반대하는 총파업이 시작되었다.

1948년 3월 12일 김구, 김규식, 홍명희 등이 '7인 성명'을 통해 유엔 한국위원단 감시하의 단독선거를 반대했다.

1948년 3월 19일 남로당 중앙위원회는 남한 단독선거 분쇄를 위한 투쟁에 나설 것을 호소하는 성명서를 발표했다.

1948년 4월 1일 남조선노동당을 대표하여 북조선 민전 앞으로 남북정당사회단체 연석회의 참가를 수락하는 회신을 보냈다.

1948년 4월 3일 제주에서 4·3민중항쟁이 발발했다.

1948년 4월 5일 평양에서 모스크바에 있는 딸 박비비안나에게 러시아어로 두 번째 편지를 타이핑해 보냈다.

1948년 4월 19~24일 평양에서 열린 '남북조선 정당·사회단체 대표자 연석회의'에 참석했다. 박헌영은 「남조선 정치정세」에 대해 보고하고, 5월 10일로 예정된 남조선 단독선거를 적극적으로 보이콧할 것, 미소 양국 정부에 외국 군대의 동시 철퇴 요청서를 발송할 것 등을 결정했다.

1948년 4월 20일 「인민들에게 고함」이라는 성명서를 발표하여 남한 단독선거 보이콧 투쟁을 호소했다.

1948년 5월 10일 38선 이남에서 대한민국 제헌국회의원 선거가 시행되었다.

1948년 6월 28일 남로당 중앙위원회는 제주도 4·3인민항쟁 참가자들에게 보내는 서한 「제주도 인민 대중에게, 미제의 분할 침략으로부터 조국의 민족주권을 방어하기 위하여 싸우는 인민들에게 영광을 드리자」를 발표했다.

1948년 7월 2일 남북조선제정당사회단체 제2차지도자협의회 본회의 석상

1948년 4월 평양. 남북조선정당사회단체 대표자연석회의에서 연단에 선 박헌영

에서 남조선 민전을 대표하여 「남조선에서 진행된 단선과 관련하여 조성된 조선 정치 정세와 통일 조선을 위한 투쟁 대책에 관하여」를 보고했다.

1948년 7월 7일 평양에서 조선최고인민회의 남조선대의원선거 지도위원회 제1차 회의에 위원장 자격으로 참가했다.

1948년 8월 20일 해주에서 개막된 남조선 인민대표자 대회에 참석했다.

1948년 8월 25일 남조선인민대표자 대회 6일째 회의에서 최고인민회의 대의원(영등포구 선거구)으로 선출되어 대의원에 당선되었다.

1948년 9월 9일 최고인민회의 제1차 회의에서 조선민주주의인민공화국 부수상 겸 외무상에 선임되었다.

1948년 10월 7일 북한 내각 제5차 회의에서 유엔총회 파견 수석대표로 선임되었다.

1948년 10월 7일 유엔 사무총장 트리그브 리(Trygve Lie)에게 서한을 보내 유엔총회에서의 조선 문제 심의에 북한 대표 참가를 허용해줄 것을 요청했다.

1949년 1월(50세) 최고인민회의 제2차 회의에 참석하여 「조선민주주의인민공화국 대외정책에 관하여」를 보고했다.

1949년 2월 초순 외무상 명의로 조선민주주의인민공화국의 유엔 회원국 참여를 요구하는 서한을 유엔에 발송했다.

1949년 3월 수상 김일성, 부수상 홍명희 등과 함께 북한 정부 대표단으로 모스크바를 방문했다.

1949년 6월 조국통일민주주의전선 결성에 참여하고 36인의 중앙상무위원회 위원으로 선임되었다.

1949년 8월 14일 박헌영은 모스크바에 거주하는 딸 박비비안나를 평양으로 초청하여 약 한 달 동안 함께 지냈다.

1949년 9월경 평양에서 윤레나(러시아

1948년 9월 박헌영과 윤레나의 결혼식 김일성이 하객으로 참석했다.

1948년 9월 결혼식장에서의 박헌영

명)와 재혼했다.

1949년 10월 4일 외무상 명의로 중국 외교부장 주은래에게 '조선민주주의인민공화국'과 '중화인민공화국' 간의 외교관계를 수립할 것을 제의했다. 주은래는 박헌영에게 양국 간의 외교관계 수립과 대사의 상호 교환을 환영한다고 답신했다.

1950년 1월 9일(51세) 조국통일민주주의전선 제4차 중앙위원회에 참석하여 「남조선 현정세와 애국적 제정당 사회단체들의 임무」에 대해 보고했다. 박헌영은 남한이 이승만 정권에 의해 미국의 식민지가 되고 있다고 주장했다.

1950년 5월 김일성과 함께 북경을 방문했다.

1950년 5월 27일 최고인민회의 상임위원회로부터 '국기훈장 제1급'을 수여받았다.

1950년 6월 25일 한국전쟁이 발발했다.

1950년 6월 말 한국전쟁 개전 직후 노동당 중앙위원회를 대표하여 「남반부의 로동당 전체 당원들과 전체 인민들에게」 보내는 방송 연설을 했다.

1950년 7월 2일 외무상 명의로 미군의 한국전쟁 참전을 비난하는 성명을 발표했다.

1950년 8월 5일 외무상 명의로 유엔 안보리 의장에게 전문을 보내 "미군의 야만적인 무차별 공습을 비난하고 중지 대책을 강구해줄 것"을 요구했다.

1950년 9월 29일 조선노동당 중앙위원회를 대표하여 김일성·박헌영 공동 명의로 스탈린에게 긴급 원조를 요청하는 서한을 보냈다.

1950년 10월 14일 조선인민군 총정치국장 자격으로 조선인민군 최고사령관 김일성과 함께 공동 명의의 명령 제0070호를 인민군 전체 군무자에게 하달하여 더 이상의 후퇴는 허용하지 않는다고 지시했다.

1950년 10월 15일 조선인민군 총정치국장 명의로 「최고사령관 명령 제0070호 집행을 위한 사업조직에 대하여」를 발령했다.

1950년 11월 26일 외무상 명의로 유엔총회 의장과 안전보장이사회 의장에게 유엔이 미군의 학살 만행을 중지시킬 책임이 있다는 촉구성명을 보냈다.

1950년 12월 7일 외무상 명의로 유엔총회 의장과 안전보장이사회 의장에게 서한을 보내 조선에서 미군이 자행하고 있는 범죄행위를 승인했는지를 질의했다.

1951년 2월 10일(52세) 외무상 명의로 유엔총회 의장과 안보리 의장에게 서한을 보내 이승만 정권과 미군에 의해 야만적인 전쟁범죄가 자행되고 있음을 규탄하고, 그를 처벌해줄 것을 요구했다.

1952년 1월 25일(53세) '전국농민열성자대회'에 참석하여 연설했다. 박헌영은 "전쟁의 승리를 위하여 식량생산을 잘 조직하여야 할 중대한 임무가 우리 전체 농민들 앞에 여전히 제기되고 있다"고 설명했다.

1952년 2월 22일 외무상 명의로 미군이 세균무기를 사용하고 있음을 비난하는 성명서를 발표했다.

1952년 3월 29일 외무상 명의로 유엔 사무국에 미군의 세균전 만행을 규탄하고 세균전 책임자 처벌을 요구하는 성명서를 발송했다.

1952년 8월 3일 이승엽 등 12인의 남로당 출신 당 간부들이 「조선민주주의인민공화국 정권 전복음모와 반국가적 간첩테러 및 선전 선동행위에 대한 사건」 연루자로 지목되어 체포되었다.

1952년 여름 박헌영의 부인 윤레나가 모스크바에서 남자아이를 출산했다.

1953년 3월 하순(54세) 박헌영은 미제 간첩 혐의로 체포되었다. 김일성은 해방 직후부터 박헌영과 그 추종자들이 당내에서 종파를 조직했고, 당 기밀을 미국에게 누설했으며, 한국전쟁 패배의 원인을 만들었다고 주장했다.

김일성과 박헌영

1953년 7월 2일 내각 부수상 허가이가 자살했다. 허가이는 박헌영 그룹과 결탁했다는 혐의를 받고 있었다.

1953년 8월 5~9일 조선로동당 중앙위원회 제6차 전원회의의 결정에 따라 당에서 제명되고 재판에 회부되었다. 이 회의에서 '반당적 반국가적 파괴 암해분자, 종파분자'로 박헌영, 주녕하, 장시우, 김오성, 안기성, 김광수, 김응빈, 권오직이 출당 처분을 당했다.

1953년 말 주세죽이 사망했다. 주세죽은 박헌영의 첫 부인으로, 둘 사이에는 딸 비비안나가 있다.

1954년 4월 22일 (54세) 남한 신문에 박헌영 탈출 및 동경 은신설이 보도되었다.

1955년 12월 3일(56세) 조선민주주의인민공화국 최고검찰소 검사총장 이송운은 박헌영을 '미 제국주의의 고용 간첩의 두목', '공화국 전복 기도' 혐의로 기소했다.

1955년 12월 15일 조선민주주의인민공화국 최고재판소 특별재판에서 사형 및 전 재산 몰수형을 선고받았다. 박헌영 재판의 정식 명칭은 「피소자 박헌영의 조선민주주의인민공화국 정권전복 음모와 반국가적 간첩 테러 및 선전선동 행위에 대한 사건」이다.

1956년 4월 23~29일(57세) 조선로동당 제3차 대회에서 김일성으로부터 '종파분자, 미제 간첩'으로 비난받았다.

1956년 7월 19일 박헌영은 총살당했다. 처형자들은 내무성 지하감옥에 수감 중이던 박헌영을 끌어내 어느 산중으로 데려갔다. 박헌영은 "오늘 죽을 것을 아니까 여러 가지 절차를 밟지 말고 간단하게 처리해달라"고 말했다. 처형 직전에 박헌영은 부인 윤레나와 두 어린 자식을 외국으로 보내겠다는 약속을 지키라는 말을 김일성에게 전해달라고 부탁했다. 방학세는 박헌영의 머리에 권총을 대고 방아쇠를 두 번 당겼다. 시체는 그 자리에 묻혔다.

17세의 원경스님. 1941년 3월, 박헌영과 정순년 사이에서 태어났다.

어린 시절의 원경스님(동그라미 안). 뒷줄 가장 오른쪽 얼굴이 지워진 사람이 한산스님이다.

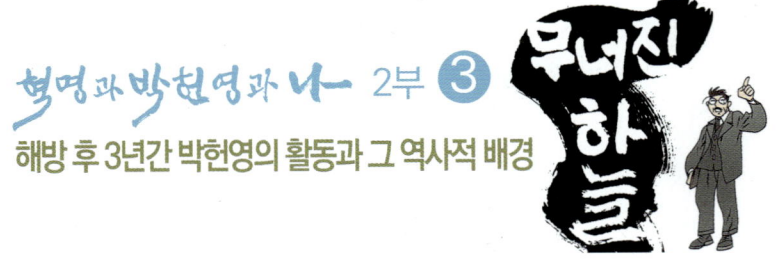

1장 반탁의 소용돌이 …… 25
2장 미소공동위원회 …… 99
3장 사랑하는 내 딸 비보치카 …… 163
4장 정판사 사건 …… 219
5장 체포령 …… 309

1. 반탁의 소용돌이

서울

박현영은 3상 협상안 지지라는 결론을 얻고 해가 바뀐 1946년 1월 2일 새벽

삼팔선을 넘어 서울로 돌아왔다.

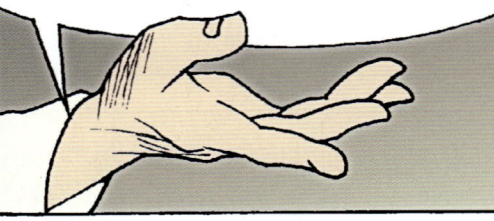

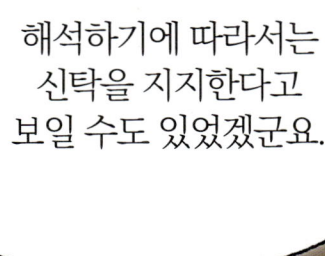

송진우는 길어도 5년 안에는 통일된 우리의 독립정부를 세울 수 있는데 극단적인 방법으로까지 반대할 이유가 없다는 쪽이었지.

해석하기에 따라서는 신탁을 지지한다고 보일 수도 있었겠군요.

그런 일이 있은 후 새벽에 자택에서 암살당했어.

이 정도로 민감한 문제로 커져가고 있는데, 단순한 오보였다는 걸로 끝날 것 같지 않아.

아니…….

이미 사실 같은 건 관계 없는 정치적 음모로 넘어가버린 걸지도 모르지…….

박헌영이 서울로 귀환한 1월 2일 오후, 조선공산당 중앙위원회는 모스크바 3상회의 결정 지지 성명서를 발표했다.

호외요, 호외!

성명서는 즉각 신문 호외로 제작되어 살포되었다.

3상 협상안이야말로 조선을 위한 정당한 결정이므로 그 본질적 진보성을 널리 알려나가야 한다는 내용이었다.

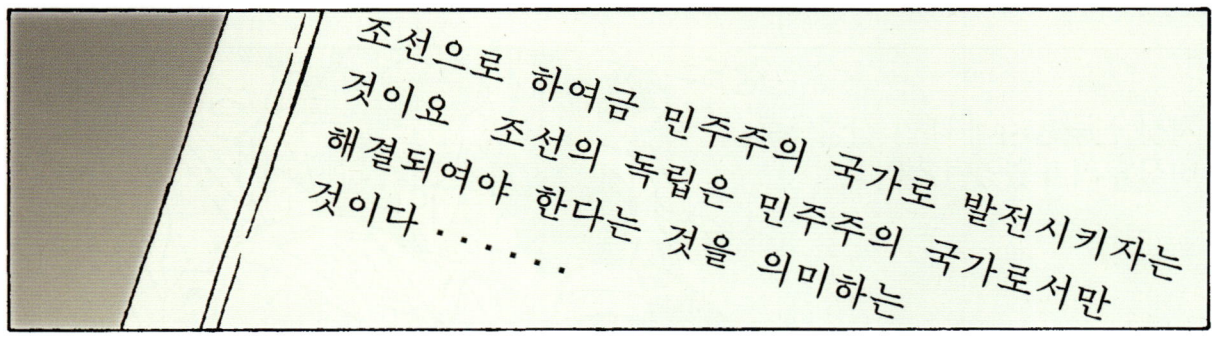

조선으로 하여금 민주주의 국가로 발전시키자는 것이요 조선의 독립은 민주주의 국가로서만 해결되여야 한다는 것을 의미하는 것이다……

그러나 이날 발표된 조선공산당의 새로운 성명은 많은 사람들을 어리둥절하게 했다.

이 성명서에는 신탁통치에 찬성한다는 것인지 반대한다는 것인지 정확한 문구가 들어 있지 않았다.

신탁통치에 대해 누구보다 더 빠르고 강력하게 반대해왔던 조선공산당의 3상 협상안에 대한 지지 표명은

자칫 신탁통치에 대한 찬성으로 비칠 우려가 있었던 것이다.

그만큼 모스크바 회담의 구체적인 내용을 이해하지 못한 식민지 삶에서 막 벗어난 민중들에게

신탁통치라는 단어는 너무도 강렬했다.

다음날인 1월 3일, 조선공산당 중앙위원회 선전부는

모스크바 3상회의 결정 내용을 해설하는 담화를 발표했는데,

선전의 초점은 3상회의 결정이 조선의 자주독립 요구와 배치되지 않음을 알리는 데 있었다.

박헌영 자신도 안팎의 관심이 쏠리고 있던 신탁통치 문제에 대해 설명하기 위해

1946년 1월 5일 내외신 기자회견을 열었다.

회견장에는 조선인 기자 12명과 외국인 기자 7명

그리고 미군정 장교들이 참석했는데,

박헌영은 외국 기자들에게는 직접 영어로 질문을 받고 대답했다.

회견은 조선공산당의 모스크바 3상회담의 결정에 대한 입장을 묻는 질문으로 시작되었다.

박헌영은 옳은 결정이며 절대적으로 지지한다고 밝혔다.

이에 기자 하나가 질문했다.

조선을 소비에트화 하려는 것 아닙니까?

조선의 현 단계는 소비에트화 할 단계에 있지 않고 민주주의의 변혁 과정에 있습니다.

찬탁(모스크바삼상회의 합의사항 지지) 『동아일보』의 오보를 바로잡는 소련의 타스통신 보도에도 불구하고 반탁운동은 더욱 심화되었다. 1946년 1월 2일 공산당 중앙위원회가 모스크바삼상회의 합의사항을 지지(찬탁)하기로 결정하면서 3일 좌익의 반탁집회는 찬탁집회로 진행되었다. 신탁통치에 대한 좌익의 혼란은 이후 대중적 지지기반을 잃는 계기가 되었다.

이는 또다시 조선을 외국의 식민지로 만들려는 발상이라고 선동하기 시작했다.

해방 정국의 주도권을 놓치고 있던 우익들은 이를 계기로 급속히 세를 결집하고,

사회주의 진영 인사들에 대한 무자비한 테러에 나서고 있었다.

기자회견이 끝날 무렵, 미국인 통신원 존스턴이 박헌영을 붙잡고 추가 질문을 했다.

그러나 존스턴은 박헌영의 말을 교묘히 짜깁기하여

"박헌영은 조선이 소련의 신탁통치를 반대하지 않는다. 또 조선이 몇십 년 후에는 소련에 편입된다는 의견을 피력했다"는 내용의 허위 기사를 작성했다.

수많은 성명을 발표해온 노련한 이론가인 박헌영이 남한 민중의 감정을 무시한 채

"소련이 혼자서 조선을 신탁통치해야 하며 조선은 최종적으로 소련에 편입되어야 한다"는 황당한 발언을 한다는 것은 상식적으로도 있을 수 없는 일이었다.

존스턴은 자신의 기사를 미국에 송고하려 했으나

내용을 믿을 수 없다며 송신이 불허되었다.

기자회견에 참석했던 국내 기자들은 1월 6, 7일자 신문에 박헌영과의 대담 내용을 보도했으나

어디에도 박헌영이 그런 말을 했다는 내용은 들어 있지 않았다.

그러나 존스턴의 이러한 왜곡된 기사로 인해 며칠 후,

박헌영의 발언 내용을 둘러싸고 약 한 달 반 동안 커다란 파문이 일어나게 된다.

우익 정당과 언론은 이날 박헌영의 기자회견 발언을 근거로 하여

조선공산당이 소련 1국의 신탁통치를 지지하며 소련의 한 연방으로 편입하려고 획책한다며 맹렬히 비난하기 시작했다.

박헌영의 설득은 남한 국민에게 먹혀들지 않았다.

국민은 모스크바 3상회의가 곧 신탁통치라는 악의적인 선동에 말려들었다.

신탁통치 결사반대!

신탁통치를 찬성하는 놈들은 다 매국노다!

매국노를 죽여라!

박헌영은 김일성과 함께 스탈린이 보낸 전용기를 타고 모스크바로 향했다.

모스크바 크렘린궁

이미 3상회의 결과는 다 알고 있을 것이오.

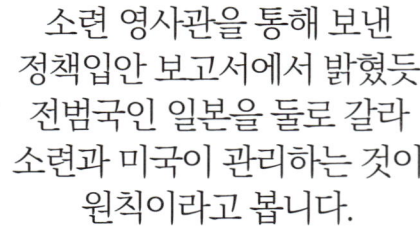

…….

조선공산당 중앙당에 속하지 않는 별도의 북조선 분국은 곧 북조선공산당을 의미했다.

1919년 국제공산당 코민테른 설립 때부터 적용된 모든 나라의 1국 1당의 원칙이

조선에서 공식적으로 깨지는 순간이었다.

그리고 북한은 1946년 2월 9일 평양에서 김일성을 위원장으로 하는 북조선 임시 인민위원회가 수립되어

북쪽의 독자적인 개혁을 가속화한다.

박헌영이 스탈린과의 면담을 위해 잠시 자리를 비운 사이

반탁운동의 선봉에 섰던 사회주의자들은 극심한 혼란에 빠지고 말았다.

조선공산당 집회장에서 3상 협상안을 지지하는 당원과 반탁당원들 사이에 승강이까지 벌어졌다.

조선공산당은 가동할 수 있는 모든 언론과 단체를 동원해

3상 협상안을 받아들여 통일임시정부를 수립하는 것만이 민족해방과 통일의 지름길이라고 설득해나갔다.

하지만 소련의 사주를 받는 조선공산당이 조선을 또다시 강대국들의 식민지로 전락시키고 나아가 소련의 연방으로 흡수하려 한다는

우익들의 선동이 훨씬 더 효과적이었다.

우익은 반탁운동에 열세였던 지지도를 급속히 확대했다.

그들은 신탁통치를 두고 벌어진 좌익과 우익 간의 갈등에서 가장 큰 수혜자가 되었다.

사회주의 세력 내부에서는 3상회담이 모스크바가 아닌 워싱턴에서만 이뤄졌어도 이런 사태가 벌어지지는 않았을 거라는 한탄까지 나올 정도였다.

게다가 미군정은 반탁 여론이 거세지자

슬그머니 이에 편승했다.

미군 사령관 하지는 이승만, 김구는 물론 북한의 조만식에게까지 은근히 자신은 반탁에 동의한다는 뜻을 피력했고,

신탁통치 문제로 한창 시끄럽던 이 무렵이 되어서야

와 아

체계적인 훈령을 받아 한반도정책을 수행해 나가기 시작했다.

본질적인 차이가 생긴 것은 아니었다.

단순무지한 반공군인인 하지의 직관적인 반공정책이 국무성의 좀 더 치밀한 반공 전략으로 심화된 데 불과했다.

그 첫 작업은 신탁통치 문제를 역이용하는 것이었다.

미국은 자신들이 제안했던 신탁통치에서 갑자기 발을 빼버렸다.

거기에는 신탁통치가 결코 자신들에게 유리하지 않다는 새로운 판단도 들어 있었다.

이 무렵 작성된 미군정 비밀 보고서는

토지개혁으로 고무된 북한 주민의 대부분이 공산주의에 찬성하고 있기 때문에

임시정부 선거에서 남한 주민 중 25퍼센트만 공산주의에 가세해도 한반도는 공산화되리라고 보았다.

하지는 참모들 앞에서

"만약 한국인에게 독립을 주면 2년 내에 소련에 먹히고 말 것이다" 라고 공언하기도 했다.

임시정부든 신탁통치든 소련에 남한 진입을 허용한 순간 한반도 전체가 공산화될 것이라는 우려는 지나친 기우가 아니었다.

한반도를 중국과 소련에 대항하는 전략거점으로 남길 수 있는 가장 확실한 방법은

남한만이라도 미국이 단독으로 관리하는 것이었다.

한반도뿐 아니라 독일과 베트남에서도 받아들인 절반의 선택이었다.

상황은 역전되었다.

미국과 우익은 반탁,

소련과 사회주의 세력은 찬탁 이라는 등식이 만들어졌다.

신탁통치 문제는 우익으로 하여금 사회주의 세력을 공격해 대중적 지지를 빼앗는 최대 호재가 되었다.

박헌영은 1월 11일 다시 하지를 면담했다.

만남을 회피하는 하지에게 다섯 번이나 전화를 한 끝에

겨우 얻어낸 기회였다.

이 자리에서 박헌영은 12일로 예정된 서울운동장 반탁집회를 금지해야 한다고 주장하고

집회를 금지하지 않으면 혼란에 빠질 것이라고 강변했다.

이에 하지는 공산주의자들만 반대하지 않으면 혼란은 일어나지 않을 것이라고 응수했다.

박헌영은 이 집회가 미·영·소 모스크바 3상 회담의 결정을 반대하는 것이므로 연합군의 감정을 상하게 할까 우려된다고 말했다.

하지는 연합군 주둔 반대를 목적으로 하는 것이 아니기 때문에 상관없다며 교묘하게 피해갔다.

3상 협상안에 대한 전략이 확실히 바뀌었음을 의미했다.

미군정은 반탁운동을 이용해 남한에서 반공 분위기를 고양시키기 위한 정치공작에 들어갔다.

1월 16일부터 시작된 박헌영의 1월 5일 내외신 기자회견 왜곡사건은 그 서곡이었다.

박헌영의 기자회견 다음날인

1월 6일

이틀 후인 1월 8일, 하지는 관련 장교들을 불러 다시 이 문제를 꺼냈다.

이에 군사관 앨버트 깁은 기자회견에 참석했던 미군 장교에게 들은 증언을 토대로

존스턴이 박헌영의 발언을 완전히 왜곡해 써놓았다고 보고했다.

공보부의 뉴먼 대령도 상식적으로 이해할 수 없는 존스턴의 기사를 의심하여

저명한 신문기자 에드거 스노에게 확인해보았는데,

에드거 스노 자신은 기자회견에 참석하지는 않았으나 박헌영이 그런 말을 했을 리 없다고 단호히 대답했노라고 보고했다.

그러나 하지는 고집을 꺾지 않았다.

남한 언론이 이 내용을 실제보다 상당히 밋밋하게 다뤘다며 제대로 다시 다뤄야 한다고 주장했다.

존스턴의 허위 기사를 공표하라는 압력이었다.

일주일이 지난 1월 15일, 돌연 존스턴의 기사 내용이 샌프란시스코 방송을 통해 보도되었다.

또 다음날인 1월 16일

「동아일보」와 「대동신문」 등 우익 신문은 일제히 샌프란시스코 방송의 보도 내용을 싣고

동아일보!

동아일보요!

조선공산당이 조선을 소련의 속국으로 만들려 한다는 소문이 나면서

박헌영에 대한 여론은 급속도로 악화되었다.

박헌영과 조선공산당은 1월 17일 즉각 존스턴에게 항의하는 성명서를 내고

이튿날에는

박헌영이 직접 존스턴을 만나 항의했다.

그러나 존스턴은 자기가 틀리지 않았다며 정정 보도를 거절했다.

19일에는 기자회견에 참석했던 한국인 기자 12명 전원이

회견 내용의 왜곡을 비난하는 공동성명까지 발표했으나

존스턴의 태도는 바뀌지 않았다.

하지는 존스턴의 기사가 옳다고 주장해 그를 부추겼다.

이 모든 정황은 하지와 미군정 정보당국이

박헌영의 기자회견 내용을 고의로 왜곡해 보도함으로써 박헌영과 소련에 대한 조선인의 분노를 일으켰음을 보여주었다.

1월 26일에는 미군정 장교 버지 중위가 "존스턴의 보도가 거짓이었다는 내용의 정정 기사를 써도 좋겠느냐"고

공보부장 뉴먼 대령에게 문의했으나

뉴먼은 그냥 내버려두라고 지시한 일도 있었다.

박헌영은 우익의 공적 1호가 되었다.

우익단체와 언론은 연일 그를 찬탁의 수괴, 소련의 괴뢰로 공격했고

규탄 결의문을 발표했다.

한민당 소속인 양근환이 주도하는 '혁신정탐사'라는 단체는

박헌영을 민족의 독립을 방해하는 민족반역자로 규정하여 살해하겠다는 협박장을 누차 보내왔으며,

무장테러에 대비해 순전히 자체 방어용으로 조선공산당에 경비원 50명을 배정할 것,

권총과 장총 50정과 탄약 5백 발, 기관총 1정과 탄약 1백 발을 지급해 달라는 내용이었다.

미군정은 즉답을 피한 채 경무국에 위임해 버렸다.

박헌영의 안전은 미군정의 관심 밖이었다.

전국부녀총동맹, 조선공산당 성천군당, 시흥군 농민조합,

영등포 해방청년동맹, 재일 공산주의자 일동, 조선 출판노조 등 헤아릴 수 없는 많은 단체들이

박헌영을 칭송하는 성명서를 발표하고

「해방일보」와 「신천지」, 「인민」 같은 여러 잡지에 찬양의 시와 찬양문을 실었다.

찬양문들에는 박헌영을 '동지'나 '동무' 혹은 '선생'이라 부르고 있었다.

그가 한반도 유일의 조선공산당 지도자였음에도

'위대한 지도자'라든가 '위대한 영도자'라는 표현은 사용되지 않았다.

조선공산당 창당 직후에는 박헌영에게도 개인 우상화의 징조들이 없지 않았다.

조선공산당 당사 내부에는 '박헌영 선생은 어두운 밤의 등불'이니, '박헌영 선생 만세!' 같은 표어들이 붙어 있었다.

집회장에서 '박헌영 선생 만세!'가 불리는 일은 흔했고

조선노동조합전국평의회에 소속된 공장 벽에도

박헌영이나 조선공산당을 찬양하는 포스터들이 곳곳에 붙어 있었다.

그러나 인간의 역사를 자유와 평등을 위한 투쟁으로 보는 역사적 유물론을 배운 공산주의자라면

어느 특정 개인에 대한 숭배를 용납하지 않는 게 당연했다.

봉건제를 타도한. 자본주의까지 넘어 새로운 세상을 만들겠다는 이들이

봉건적인 지도자 신격화에 동의하지 않는 것은 어쩌면 자연스러운 일이었던 것이다.

이 무렵, 사소하지만 훗날 중요성을 띠게 되는 일도 있었다.

재미교포 현앨리스와의 관계였다.

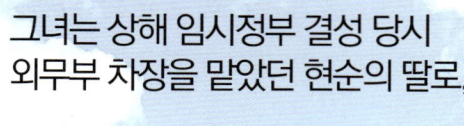

그녀는 상해 임시정부 결성 당시 외무부 차장을 맡았던 현순의 딸로,

박헌영은 상해에서 활동할 때 그녀를 만난 적이 있었다.

현앨리스는 목사인 아버지 현순을 따라 미국으로 건너가

그곳에서 대학을 졸업하고, 노동운동을 하면서 미국공산당에 가입하여

해방 후에는 미군정 산하 민간통신 검열단에서 근무하고 있었다.

어려서부터 박헌영을 존경한 현앨리스는 가끔 조선공산당 사무실을 방문했고,

상해에서 서로 알고 지내던 여운형의 집에 함께 찾아가 담소하기도 했다.

조선공산당 사무실에는 그녀 말고도 미군 사병 제플린, 노먼, 클론스키 등이 출입했으며

그 자리에 현앨리스가 통역을 맡아 동석하기도 했다.

이들 사병도 미국 공산당원들로 남한 공산당 지도자를 만나고자 찾아온 것이었다.

박헌영은 이들이 제대할 때 작은 선물을 주기도 했다.

이 모든 정황을 감시하고 있던 미군정은

현앨리스가 박헌영과 접촉하는 한편 미군정 업무를 방해한다는 의심을 품었다.

실제로 현앨리스가 근무하는 동안 민간통신 검열단의 검열 실적이 현저하게 저하되기도 했다.

그러다가 미국 내 공산주의자들과 함께 비미활동을 했다는 혐의로 군대에서 쫓겨나 한국에서 추방되고,

다시 돌아간 미국에서 진보신문을 발행하다가 이후 체코를 통해 북한으로 들어갔다.

그러나 몇 년 후 그녀는 거꾸로 미국의 간첩이라는 혐의로 북한 당국에 의해 구금되어

박헌영의 일생을 뒤바꿔 놓는 계기의 하나가 된다.

1946년 2월 15일

민주주의 민족전선 결성대회

와 아 와

남한 진보세력의 총결집체인 민주주의 민족전선이 결성되었다.

남한에서의 인민공화국 건설이 좌절된 상황에서

민주주의민족전선(민전) 1946년 2월 19일에 결성된 모든 좌익계 정당 및 사회단체의 총집결체로 한민당 등의 우익세력에 대항하여 국민대표기구가 구성될 때까지 과도적 임시국회의 기능을 맡아 과도정부 수립을 담당하려 했다.

새롭게 만들어진 것이 민주주의민족전선이었다.

사회주의 계열뿐 아니라 민족주의 계열까지 망라해 모든 정치세력이 하나가 되어

미군정을 상대하고

독립국가의 기틀을 다지자는 의도에서 만들어진 단체였다.

약칭 '민전'이라 불린 이 단체는 박헌영의 조선공산당은 물론

중도 좌익을 표방하고 있던 여운형 세력과

성주식, 김성숙, 장건상 등 임시정부 출신 민족주의자들,

의열단의 김원봉 등 서로 다른 노선을 걸어온 진보 계열의 29개 정당 및 사회단체가 결집한 대규모 조직이었다.

우익은 민전을 사회주의 계열들이 이름만 바꾸어 새로 만든 것으로 간주했지만

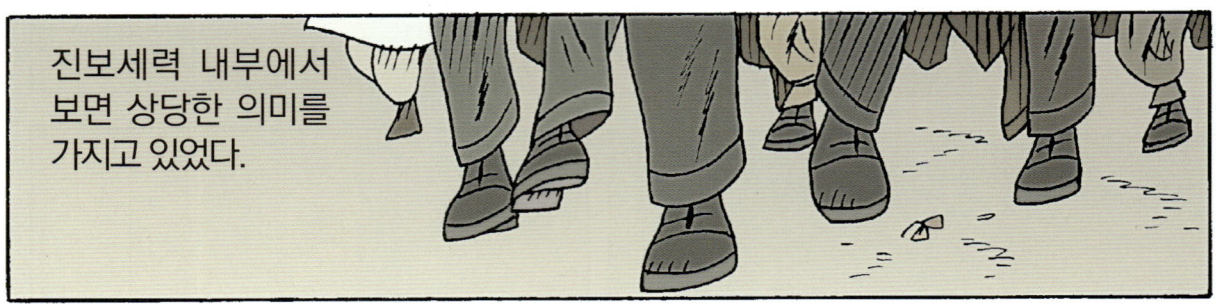

진보세력 내부에서 보면 상당한 의미를 가지고 있었다.

우익은 처음부터 참여를 거부했다.

사회주의 세력에 의해 제안되었다는 이유만으로 민족통일을 모색할 수 있는 계기를 연거푸 무시한 것이었다.

2. 미소공동위원회

미소공동위원회 모스크바 3상회의의 결정에 따라 한국의 임시정부 수립을 원조하고 남북 분단으로 인한 여러 문제를 해결할 목적으로 미·소 점령군에 의해 설치되었으나 미·소 간의 입장 차이로 성과 없이 무산되었다.

미영소 3개국에 적극 협조할 것이며, 인민의 생활 안정을 위해 최선을 다하겠다는 등 온건한 선언을 발표했다.

사무국장으로는 이강국이 선출되었다.

경기도 양주의 지주집 아들인 이강국은 경성제대 법문학부에 재학할 때부터 일본인 사회주의 계열 교수 미야케 시카노스케와 함께 공산주의 운동을 시작했고,

독일에 유학하는 동안 독일 공산당에 가입해 이론을 배운 인물이었다.

미야케 사건으로 구속되었다가 집행유예로 석방된 후에는 잠시 증권회사를 다녔고,

1936년부터 원산에 내려가 이주하와 노동운동을 하다가 체포되자

다시 전향서를 쓰고 보석으로 석방되었다.

그의 전향서는 실천운동에서는 손을 떼지만 마르크스주의는 포기할 수 없다는 내용이었는데,

1942년 석방되자마자 활동을 재개했다가 또다시 체포되어

집행유예 5년을 선고받는 등 일제강점기 마지막까지 활동했다.

이강국의 행로는 여러 면에서 이승엽과 비슷했다.

경기도 부천에서 뱃사공의 아들로 태어난 이승엽은 인천공립상업학교 재학 중 3·1운동으로 퇴학당한 이래

고려공청, 조선공산당에 가입해 수차례의 감옥살이를 해온 인물로,

1940년 체포되자 사상 전향을 하고 석방되어 미곡상조합 사무원이 되고 후에 인천식량배급조합 이사를 지냈다.

그러나 이 기간 중 경성콤그룹에 가담해 활동했고 콤그룹이 붕괴된 후에는

조동호, 정재달 등과 화요파 공산주의자 그룹을 결성하는 등 내밀한 조직 활동을 계속해왔다.

화요파 김재봉, 조봉암, 박헌영 등이 모여 결성한 사상 연구단체였던 '신사상연구회'를 1924년 11월 19일 실천을 위해 개편하며 탄생한 조선공산주의운동 단체이다. '화요파(화요회)'라는 명칭은 11월 19일이 마침 화요일이었는데, 카를 마르크스의 생일이 화요일인 데서 유래했다.

이강국과 이승엽은 대중정치가로서 자질을 갖추었다는 점에서도 비슷했다.

둘 다 대중연설을 잘했을 뿐 아니라,

정치적 반대자들과의 대화를 수월하게 풀어나가는 융통성도 좋았다.

이관술, 이현상, 이주하, 김삼룡으로 이어지는 노동운동 출신들이

비밀스러운 전위활동으로 단련되어 대중 선동이나 기성의 정치활동에는 적합하지 않았던 반면,

두 사람은 어디에나 쓸모가 많았다.

박헌영은 두 사람에게 더 높은 직책을 맡겨 대외활동에 나서게 했다.

그 대신 경성콤그룹 시절부터 수행비서 겸 비밀연락원으로 활동해온 한산을 통해 두 사람을 통제했다.

김일성을 위원장으로 하는 북조선 임시 인민위원회가 설립되고 토지개혁에 나섰다는군요.

곧 미소공동위원회가 열리는데 임시정부를 수립하고 난 후에 진행해도 될 일을……

공식적인 성명으로는 환영하는 입장을 발표했지만……

개인적으론 몹시 불편합니다.

… 도대체 김일성이나 소련이 어떤 생각을 가지고 있는지 모르겠군요.

모스크바 3상 협정에 따라 임시정부 수립의 임무를 맡은 미소공동위원회는

1946년 1월 16일부터 3주간 서울에서 예비회담을 거쳐

제1차 개막을 앞두고 있었다.

모스크바 3상회의 1945년 12월 16일~25일에 소련의 모스크바에서 미국, 소련, 영국의 외무장관이 모여 7개 의제를 토의하였다. 이때 한국에 임시민주정부를 수립하고 이 정부와 연합국이 최장 5년 동안 신탁통치를 할 수 있다는 결정서에 합의했다. 미국은 2차대전 내내 한국에 대한 신탁통치 기간으로 30년을 주장해 소련과 영국이 반대해 왔다.

1946년 3월 12일, 박헌영은 서울 중앙방송국 라디오 방송을 통해

조선공산당 총비서 명의의 논설 「조선 임시정부 수립에 대하여」를 내보냈다.

방송에는 이주하가 대신 출연해 대독했는데

이 글에서 박헌영은 미소공동위원회와 협력하여 임시정부 수립에 노력하겠다고 밝히는 한편,

그리고 3월 20일 서울에서 제1차 미소공동위원회가 개최되었다

우익들은 미소공동위원회가 신탁통치를 가져오리라 보고

이를 무산시키기 위해 총출동했다.

우리 조선을 소련에 바치려는 공산당을 몰아내자!

미소공동위원회에 참석하기 위해 서울에 들어온 소련 대표들은

몰려든 우익 청년들에게 봉변을 당해야 했다.

조선공산당 및 민전 사무실, 사회주의 계열 단체 사무실들은

우익 청년단의 돌 세례와 몽둥이 기습을 받아

유리창이나 기물이 파괴되기 일쑤였다.

박헌영이 요청한 자금 규모는 1946년 3~12월 기간에 사용할 1,550만 원 상당의 금전이었다.

스티코프는 이 지원 요청을 호의적으로 받아들였다.

이 요청은 스티코프 → 쉬킨(소련 총정치국장) → 불가닌(국방성 차관) → 몰로토프(소련 내각회의 부의장)로 이어지는 정책 라인을 통해

소련 본국 정부에 보고되었다.

그리고 박헌영은 3월 20일 조선공산당 명의 토지개혁을 요구하는 성명인 「토지문제 해결에 대하여」를 발표하고, 이틀 뒤인

3월 22일에는 미소공동위원회에 제안하는 임시정부 수립 원칙을 발표했다.

「해방일보」, 「자유신문」, 「조선 인민보」, 「서울신문」 등에 실린 이 글에서

박헌영은 미소공동위원회에 의해 수립될 임시정부는 '민주주의'의 4가지 원칙을 견지해야 함을 제시했다.

미소공동위원회는 무엇으로부터 시작할 것인가. 반드시 민족정부 수립 원조로부터 시작하여야 할 것이다.

조선 민족의 주체적·객관적 최대·최급의 요구는 하나도 정부 수립이요, 둘도 정부 수립이요, 셋도 정부 수립이다.

이 정부는 반드시 민주주의적 원칙 위에 수립되어야 한다.

이러한 정부만이 일본 잔재를 숙청하여 조선 민족의 정치·경제·문화 재건에 있어 그 역사적 임무를 다할 수 있을 것이다.

미소공동위원회의 미국 측 대표는 A. V. 아놀드 소장이,

소련 측 대표는 T. E. 스티코프 중장이 맡고 있었다.

남북한을 합쳤을 때 조선공산당 지지도가 훨씬 높다고 자신하고 있던 소련은

통일 임시정부 수립에 열을 올렸고, 이에 대비해 내각까지 짜놓고 있었다.

수상은 여운형, 부수상은 박헌영과 김규식, 외무상은 허헌, 김일성은 내무부 장관에 배치했다.

그 밖에 무정, 김두봉, 오기섭, 홍남표, 최창익 등 사회주의자들을 주요 장관에 배치하고

6개 장관 자리는 미국 측에서 추천한 인물을 받아들이기로 해 놓았다.

그 대신 이승엽, 박문규, 안기성 등을 차관으로 배치해 견제하도록 했다.

일방적인 구상으로 끝나기는 했으나 소련이 여운형을 임시정부 대표로 내세운 것은

그의 중도좌파적인 성향이 부르주아 민주주의 정부에 적합하다고 판단했기 때문이다.

그 대신 부수상 박헌영으로 하여금 사회주의 정책을 관철시키려는 계획이었다.

반탁운동의 선봉인 김구와 이승만을 제외하고

신탁통치를 해서라도 통일정부를 세워야 한다고 주장한 김규식을 부수상으로 선택한 것도 의도적이었다.

실제로 남한의 사회주의자들도 자신들과 교류할 만한 온건하고 합리적인 보수세력으로 김규식과 송진우를 꼽고 있었다.

극우파라 할 수 있는 이승만은 배제되었다.

그런데 송진우는 신탁통치에 찬성한다는 의도를 밝히자마자

한반도 전체의 지도자감으로는 보지 않았던 것이다.

객관적으로도 사회주의 세력의 우세가 확실한 만큼 미국과 우익들은 임시정부에 부정적이었다.

자연히 미소공동위원회는 처음부터 난항을 겪어야 했다.

무슨 소리요?

남쪽의 단체들을 임시정부 구성에서 빼란 말이오?

장차 수립될 임시정부의 주도권을 둘러싸고 미국은 최대한 친미 우익 세력의 주도하에 임시정부를 수립하고자 했고,

소련은 최대한 친소 사회주의 세력이 주도하는 임시정부를 바라고 있었다.

난항은 계속되었다.

이런 상황에서도 박헌영과 조선공산당의 임시정부 수립을 위한 노력은 계속되었다.

각종 담화와 기자회견, 성명서, 기고문 등을 발표하여

임시정부 수립의 임무를 맡은 미소공동위원회의 성공을 위해 전력을 다하고 있었다.

박헌영은 3월 25일 여운형, 허헌, 김원봉과 함께 민전 공동의장단의 일원으로 기자회견도 가졌다.

인사동 민전 회의실에서 열린 이 기자회견에는 미국 UP통신 기자와 국내 신문 기자들이 참석했는데,

일문일답으로 오고간 문제들은 미소공동위원회에 대한 민전의 협력방안,

민전의 토지개혁정책, 미군정 시책의 개선방안, 쌀 문제 해결책, 일본인 소유 재산의 처리 문제 등이었다.

정국이 혼란스러운 상황이었지만 앞서간 이들을 추모하는 일은 빼먹을 수 없었다.

3월 30일은 초대 조선공산당 책임 비서를 지낸 김재봉의 사망 2주기 추도식이 있었다.

김재봉은 상해에서 활동하던 박헌영이 국내로 들어와 1925년 4월 17일, 국내의 사회주의자들과 조선공산당을 창립할 때 함께한 인물이었다.

박헌영보다 열살이 많았던 김재봉은 당시 고려총국 내지부 책임자, 즉 조선 국내 담당자였다.

추도식은 오후 4시 조선공산당 당사에서 100여 명의 고위 공산주의자들이 참석한 가운데 열렸는데

쌀 부족 타개 방안, 미소공위에 참가할 정당, 사회단체의 자격에 대한 질의응답이 이어졌다.

쌀 문제에 대한 조선공산당의 대책에 대해 박헌영은

이미 수집된 쌀을 곧 인민에게 배급해주고, 지주와 모리배 투기 상업 등 수중에 있는 쌀을 법적 힘으로 수집하고 배급함에 있어

협동조합, 부인 단체, 농민 등 민간 단체에 그 권리권을 주고 이들 민간 단체는 군정과 협력하여 권리를 행사해야 한다고 대답했다.

미소공동위원회에 참가할 정당, 사회단체의 자격에 관한 질문에 대해

박헌영은 "나는 이것을 규정할 권리가 없고 미소공동위원회에서 할 일이다"라고 규정하고 난 뒤

"그러나 개인적으로는 말로만이 아닌 실천으로 진실히 조선인민을 위하여 행동하는 정당과 단체들만이 협의에 참가할 수 있을 것이고,

인민을 위하지 않고 자기 개인의 이익을 생각하는 정당과는 협의할 필요가 없으리라고 생각한다"는 의견을 피력했다.

하지만 이날 정례회견은 직접 맞대면하지 않고 서면을 통한 간접적인 방식으로 이루어질 수밖에 없었다.

박헌영이 전날 4월 2일 밤에 38선을 넘어

3일 오후 평양을 방문했기 때문이다.

공식적인 두 번째 방문이었다.

조선공산당 북조선 분국과 소련군 사령부 간부들을 만나

임시정부 수립 문제와 이남에서의 반탁운동에 대한 대책 등 제반 문제를 논의하기 위함이었다.

박헌영은 도착 직후 북조선 분국 사무실에서

김일성과 오후 내내 밀담을 나눴다.

저녁에는 소련군 사령부 인사들과 만나 회담했다.

저녁식사도 주요 지도자들 대부분이 참석한 가운데 함께했다.

이 자리에는 소련군정 민정사령관 로마넨코도 참석했는데,

정치사령관 레베데프는 미소공위에 참석하기 위해 스티코프와 함께 서울에 가고 없었다.

박헌영은 이번에도 김일성의 집에 머물렀다.

평양 방문 둘째 날인 4월 4일에도 전날의 행보와 마찬가지였다.

김일성과 소련군 사령부 인사들, 북조선 분국 간부들을 차례로 만나 많은 얘기를 나눴으며,

오후에는 연안파가 중심이 되어 결성한 조선신민당 간부들과도 회담했다.

4월 5일에는 북조선 분국 집행위원회에 참석했는데,

김일성이 회의를 주재했지만 박헌영도 김일성과 나란히 상석에 앉았다.

임시정부 수립 문제가 의제인 만큼 박헌영과 함께 온 박문규, 박치우 등도 자유롭게 발언했으며

결정권도 주어졌다.

그날 저녁 서울에서는 중앙 방송국 라디오 방송을 통해 조선공산당 대표 박헌영 명의로

「우리 정부 수립에 모든 힘을 집중하자」는 연설이 이주하의 대독으로 방송되었다.

박헌영은 4월 6일에도 김일성 등 북조선 분국 간부들과 면담으로 일정을 채운 뒤

오전 11시쯤 점심을 먹기 전에 평양을 떠났다.

군정장관 러치는 이를 부인했으나,

반대 여론이 들끓기 시작했다.

4월 7일 조선공산당 중앙위원회는 즉각 남조선 단독정부 수립론에 반대하는 성명을 발표했다.

또한, 이 성명에서 남조선 단독정부 수립론은 3상회의 결정을 반대하는 우익 측의 모략에서 나온 것이라 주장하고

우익 지도자들의 퇴진과 우익 군중의 방향 전환을 촉구했다.

미국의 의도를 정확히 파악하고 있던 이승만은

샌프란시스코 방송 이틀 후인 4월 8일 기자회견에서

남조선만의 단독정부를 수용할 수 있다고 밝혔다.

이승만은 단독정부 수립과 초대 대통령 자리를 차지하기 위해

지지 기반을 다지는 데도 게을리하지 않았다.

그는 기자회견에서 금권과 언론을 장악하고 있는 친일 보수세력에 대한 지지를 다시 한 번 확인했다.

왜적 침략의 기간이 장기였기 때문에……

누가 친일파인지 누가 친일파가 아닌지 알 수 없습니다.

삼천만이 다 친일파일 것입니다.

그것은 민족의 분열을 초래한다고 주장했다.

이어서 조선의 민주주의적 발전과 독립을 보장하는 유일한 길은

모스크바 3상회의 결정에 따라 열리고 있는 미소공동위원회가 성공리에 끝마칠 수 있도록 지원하는 데 있다고 주장했다.

박헌영도 「친일파 옹호자는 누구냐(1, 2)」를 집필하며 이승만을 적나라하게 비난했다.

이정 명의로 된 이 글은 4월 9일 집필 완료되어

4월 11일부터 13일까지 「조선인민보」와 「해방일보」를 통해 발표되었다.

이 글에서 박헌영은 친일파를 가리자는 것이 그들을 즉시 처벌하자는 것이 아니라,

권력기관을 장악하지 못하도록 막자는 것이라는 점을 거듭 강조했다.

"친일파란 의식적으로 일제를 지지하고 일제에 적극적으로 협력하고

일본 통치를 정치적·경제적·정신적으로 도와준 자를 의미한다"고 원론적인 해석까지 해주어야만 했다.

을사늑약을 체결하고 실행한 자

왕, 귀족, 중추원 의원, 조선총독부 고급 관리,

고등경찰과 군사 스파이, 정치 방면에 있어 황민화운동 지지자 등이라고 구체적인 사례를 제시하기까지 했다.

친일파들이 아니면 국가와 공장을 운영할 능력을 가진 사람이 없다는 주장에 대해서도

해방 직후부터 친일파 고위직들을 일체 배제하고도

빠른 시간 안에 국가체제를 가동한 북한의 예를 들어 반박했다.

이와 함께 미소공위의 성공을 위한 노력도 이어졌다.

이승만의 남조선 단독정부 수립 음모를 규탄하는 기자회견, 언론사의 기고문, 연설 등이 이어졌으며

4월 11일에는 미소공동위원회 대표 환영 시민 대회에 참석해

「인민의 이익을 대표할 민주정권을 세우자」라는 제하에 조선공산당을 대표해 연설했다.

여운형의 연설은 약간 나이든 사람들에게 호감을 주는 듯했다고 적혀 있었다.

이런 가운데 4월 18일

미소공동위원회는 협상 대상이 될 정당과 단체는 모스크바 3상회의 협정에 대한 지지를 약속하는 선언서에 서명해야 한다는 것을 골자로 한

박헌영은 4월 19일

조선공산당 총비서 명의로 미소공동위원회 제5호 코뮤니케 지지 선언서를 공동위원회에 제출하는 한편,

언론에 발표했다.

통일임시정부 수립에 조금이나마 희망이 비치고 있었다.

3. 사랑하는 내 딸 비보치카

상황이 호전된다고 믿어지던 이 무렵

박헌영은 모스크바에 있는 외동딸 비비안나에게 편지를 보냈다.

4월 29일 작성한 편지에 동봉한 사진에서

박헌영은 혜화장에서 꽃병이 놓인 책상 앞에 양복을 단정히 입고 앉아 안경 쓴 눈으로 정면을 응시하고 있었다.

하바로프스크 KGB를 거쳐 모스크바로 전해진 편지에는

소련공산당 중앙위원회 서기국의 주소가 적혀 있었는데, 겉봉에는 '비밀'이라는 붉은 도장이 찍혀 있었다.

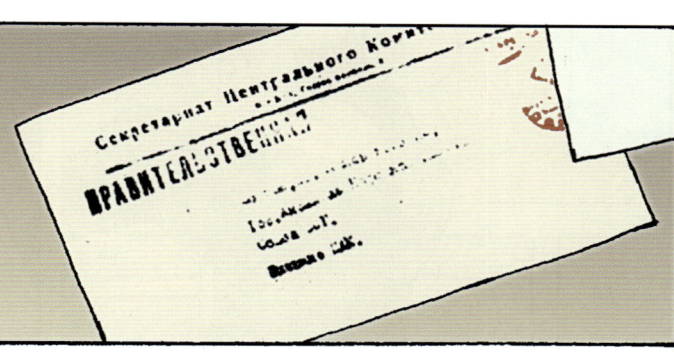

비비안나는 스타소바 육아원에 거주하면서 중학교를 다녔는데

유별나게 춤추고 노래하는 것을 좋아해 중학교 7학년을 마친 1943년

모스크바의 모이세예프 발레학교에 진학했다.

편지는 한글을 모르는 딸을 위해 러시아어 필기체로 쓰여 있었다.

긴 편지글에는 하나뿐인 딸에 대한 그리움과 사랑이 절절히 묻어났다.

그는 비비안나를 '비보치카'로 불렀다.

사랑하는 내 딸아,
먼 조선에서 네게 안부를 전한다.
내 딸이 살아서 성년이 되었다는 것이 믿기지 않는구나. 내가 세살박이인 너를 보육원에 남겨두고 떠난 지 벌써 15년이 흘렀구나.

너에 관한 유일한 기억으로 지금도 보관하고 있는 너의 사진이 하나 있을 뿐이다.

아버지가 왜 너와 이별할 수밖에 없었는지 알아야 한다. 당시 아버지 앞에는 어렵고도 위험한 길이 놓여 있었다. 난 너와 함께 갈 수 없었단다…….

우리가 헤어지고 난 후 모든 기간을 아버지는 지하와 감옥에서 보냈다. 나는 벌써 마흔여섯 살이고, 물론 지난 세월은 내 얼굴에 주름을 새겨놓았다.

사랑하는 비보치카(비비안나의 애칭), 어머니가 어디 계신지 아니?

엄마는 아팠었는데 상태가 어떤지 모르겠구나…….

비비안나의 회고에 따르면, 이 사진과 편지가 도착한 이후 모스크바 육아원 측의 대접이 달라졌다고 한다.

조선공산당 지도자가 되었음에도 불구하고

박헌영은 법적인 아내 주세죽에 대한 정보를 얻지 못하고 있었다.

연안에서 돌아온 김명시가 1945년 12월 전국부녀총동맹 결성식에서 주세죽이 모스크바에서 활동하고 있다고 보고한 것이

그가 전해들은 전부였다.

물론 이는 잘못된 보고였다.

주세죽은 여전히 남부 소련의 황량한 공화국 카자흐스탄 크 질오르다주에서

사회적 위험분자로 낙인 찍힌 채 유형생활을 하고 있었다.

주세죽은 모스크바에 가면 아는 조선인 집에서 숙박했는데

아름다운 용모와 다정다감한 성품, 타고난 문학적 소양은 사람들의 호감을 사기에 충분했다.

하지만 그녀는 사랑하는 딸과 함께 살 수 없어 고통스러워하는 엄마의 슬픔을 그대로 드러내곤 했다.

갓난아이 때부터 육아원에서 성장한 비비안나는

가족이 무엇이며 엄마 아빠가 무엇인지 거의 몰랐다.

그녀에게는 기숙사 사감과 동기생들이 가족이었다.

비비안나는 중국 아이들과 함께 다른 육아원으로 옮겨지자 하루 종일 울어대 본래의 육아원으로 돌아온 적도 있었다.

주세죽이 며칠간 모스크바에 머물게 되었을 때 육아원에 특별히 부탁해

주세죽은 마음이 몹시 상해 육아원 교사들에게 딸이 자기와 단둘이 있기를 싫어한다고 하소연했다.

육아원에는 레오노르라는 스페인 여성이 교사로 일하고 있었는데 비비안나와 절친했다.

주세죽은 그녀에게 자신이 얼마나 딸을 사랑하는지 비비안나에게 말해 달라고 부탁하곤 했다.

고된 노동과 좌절감에 시달린 데다 폐병까지 앓던 주세죽은

지혜롭고도 투철한 투사라고 자랑스럽게 말했다.

또 그가 얼마나 모진 고생을 해왔는지에 대해서도 말해 주었다.

우연하게도 박헌영의 편지가 모스크바에 도착할 무렵인 5월 5일

주세죽은 스탈린에게 조선으로의 귀환을 허용해 달라고 청원했다.

모든 정보로부터 차단되어 있던 그녀는

1946년 1월 소련공산당 기관지 「프라우다」에 실린 박헌영 관련 기사를 보고서야

그가 조선공산당 당수가 되어 있음을 알았고,

뒤늦게 스탈린에게 눈물로 호소한 것이었다.

친애하는 스탈린 동지!
제 남편 박헌영을 통해 저에 대해 확인하셔서 제가 조선에서 다시 혁명 활동에 종사하게끔 저를 조선으로 파견해주실 것을 간청하는 바입니다.

저는 진정 충실하게 일할 것이며, 제 남편을 이전과 같이 보필할 것입니다. 제 요청을 받아들여주시기를 간곡히 바랍니다.

만일 제가 조선으로 가는 것이 불가능하다면, 제가 모스크바에 살면서 제 딸을 양육할 수 있도록 허락해주시기를 빕니다. 제 딸 박비비안나는 지금 제136학교에서 제9학년 과정을 밟고 있습니다.

다시 한 번 제 요청을 거절하지 마시기를 간절히 빕니다.

조선으로 돌아오고자 하는 주세죽의 애절한 청원은 기각되었다.

다만,

소련 정부는 두 달 후인 1946년 7월 10일부터 그녀를 크질오르다의 한 방직공장에서 직공으로 일할 수 있게 해주었다.

박헌영이 모스크바를 방문해 스탈린을 만나고 돌아간 바로 다음날이었다.

박헌영은 모스크바에 가서야 그녀의 처지에 대해 알게 되었고,

소련 당국에 '사회적 위험분자'에게 베풀 수 있는 최대한의 배려를 요청했다.

주세죽은 나중에 비비안나로부터 박헌영이 모스크바에 왔었다는 말을 들었지만

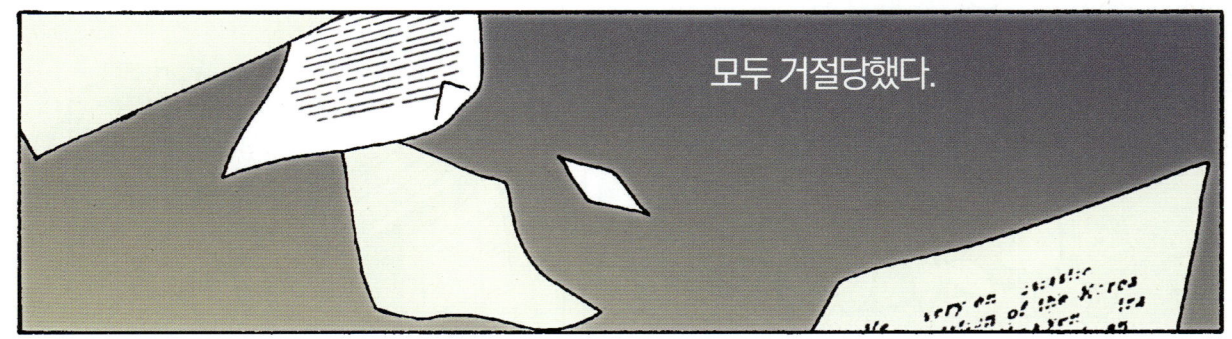

심장과 폐가 나빴던 그녀는 사망하기까지 10년간

크질오르다에서 모스크바까지 먼 길을 오직 딸을 보기 위해 사흘이나 걸리는 기차를 타고 왕래하곤 했다.

비비안나는 여전히 기숙사에 살고 있었기 때문에 모스크바에 가도 숙소조차 마땅치 않아 곧 돌아가야만 했다.

다만, 병세가 심각해진 마지막 2~3년은 대부분의 시간을 모스크바에서 보낼 수 있었다.

박헌영의 조카 박병석 내외가 모스크바에 유학을 가 있는 동안

그들의 집에서 함께 지낼 수 있었기 때문이다.

박헌영은 위험분자라는 낙인을 지워줄 수는 없었으나,

조카 내외에게 병든 그녀를 돌봐 달라고 부탁했다.

공동성명 5호 발표 이후 상황이 호전된다고 믿어지던 미소공동위원회는

하지의 공동성명 5호에 대한 해석을 둘러싸고 다시 대립하기 시작했다.

공동성명 5호에 반발하는 우익단체에 모스크바 3상회의 협정을 지지하는 선언서에 서명할 것을 촉구하기 위해 4월 27일

하지는 공동성명 5호에 서명하더라도 반탁의 의견 발표를 보장하겠다는 특별성명을 냈다.

5월 6일, 미소공동위원회는 결국 50일 만에 휴회되고 말았다.

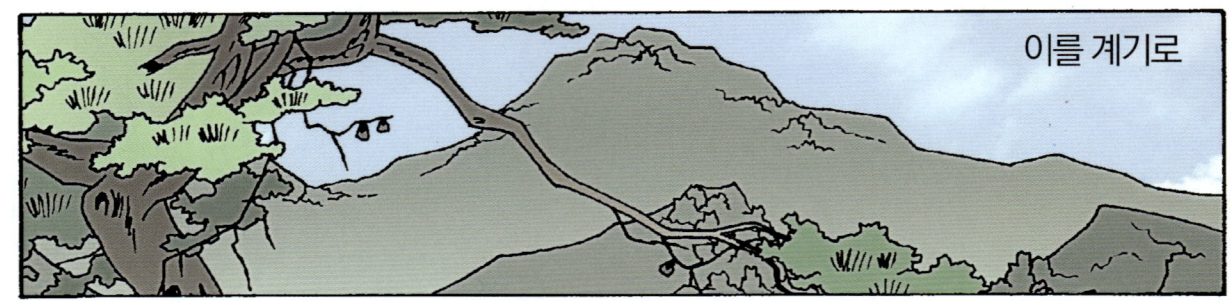

이를 계기로

미국과 우익은 남한만의 단독정부 수립을 합리화하는 데 나섰다.

자신의 입지를 강화하기 위해 전국을 순회하던 이승만은

마치 기다렸기라도 한 듯이 가장 먼저 단독정부론을 제기했다.

이승만은 1946년 6월 3일 전북 정읍을 방문한 자리에서

통일정부 수립이 여의치 않으니 남한만이라도 '자율정부'를 수립하자고 연설했다.

하지만 사회주의 계열은 자율정부란 단독정부를 의미한다고 보았다.

사회주의 계열은 남북 분단을 고착화하려는 반민족적 계략이라고 이승만을 맹비난하며

늙은 파시스트의 망언이라고 규탄했다.

김구의 한국독립당도 단독 정부 수립에 반대한다는 뜻을 명확히 했다.

천 년 이상 하나의 통일체로서 역사적으로 분단이나 분권의 경험에 없었던 대부분의 조선인에게

단독정부란 절대로 있을 수 없는 일이었다.

반면, 친일 보수세력의 집결지이자 미군정의 유력한 정치 동반자인 한민당은

이승만이 무슨 역적질이나 한 것처럼 비난하는 것은 이해할 수 없다고 옹호하며

그들이 누구와 동맹하고 있는가를 보여주었다.

6월 24일에는 소련 영사관이 철수할 뜻을 밝혔다.

일제 강점기에도 존속했던 소련 영사관이 철수하게 된 것은 미군정의 강력한 요구 때문이었다.

미군정은 서울 주재 소련 영사관이 남한 공산주의운동의 중심이라고 항의하며

그렇다면 평양에도 미국 영사관을 세우도록 승인해야 할 것이라고 항의했다.

냉전 제2차 세계대전 후 1945년부터 40여 년간 자본주의 국가의 맹주인 미국과 공산주의 국가의 맹주인 구소련이 세계를 분할하여 대립하던 국제질서 체제를 뜻한다. 실제로 무력을 사용한 전쟁이 아닌 외교와 선전으로 대결했으나 세계가 양분되어 긴장된 불안의 시기였다.

모스크바 외교사절로 파견되어 조선공산당과 고려공산청년회의 국제기관 가입을 이끌어 낸 인물로

동양 공산주의 역사의 산증인 이었다.

레닌은 살아생전에 조선의 조봉암과 중국의 진독수, 일본의 사노 마나부를

동양 공산주의운동의 선구자로 선정해 지원을 아끼지 않았다.

그런데 레닌이 죽은 후 집권한 스탈린 노선은 조봉암을 크게 실망시켰다.

그는 여전히 사회주의의 기본이념에는 찬성했으나 스탈린 노선은 부정했다.

조봉암은 박헌영이 모든 중요 사안을 스탈린과 상의하고 있다는 사실을 잘 알고 있었고,

이를 매우 비판적으로 보았다.

압수된 편지의 주된 내용은 박헌영의 정치적 오류에 대한 것이었다.

모스크바 3상회담을 지지한 박헌영의 결단을 절대 지지하지만

그 실천에 있어 기술적으로 졸렬했던 까닭에 조직대중을 이해시키는 데 많은 시간을 소비했고

미조직 대중을 우익에 빼앗겼다고 질책했다.

적은 속임수로 군중을 휘어잡았는데, 우리는 옳은 것을 세우고도 도리어 군중을 빼앗겼다는 자탄이었다.

공산당 내부의 비주류인 반중앙파의 당 중앙에 대한 비판에 대해 민전 결성 직후인 2월 19일 지방 동지 연석간담회에서

전당대회까지 책임을 다하고 물러나겠다고 한 발언에 대해서도

무책임과 무기력이라고 비판하며

박헌영은 당의 대선배로서 대다수 사회주의자들의 희망이니 꿋꿋이 버티는 게 올바른 자세라고 충고했다.

이런 비판은 당시 다른 공산주의운동 동지들에게서도 터져나왔는데,

당시 박헌영이 이런 비판까지 무릅쓰며 당직에서 물러나겠다고 거듭 천명한 것은

해방 6개월간 조선공산당의 책임자로서 그에게 씌워진 책무와 고난이 얼마나 무거웠던가를 여실히 보여준다.

작지만 단단한 체격과 체력을 자랑하던 박헌영은

선생님!

결국 쓰러져 낙원동 이병남 병원에 입원까지 했다.

또한, 압수된 조봉암의 편지는 김일성과 무정의 영웅주의에 대해 최대의 경계를 해야 할 것이라 충고하고

두 그룹의 확대 기도를 완전히 봉쇄하지 않으면 정비례로 당의 약체화를 초래할 것이라고 경고했다.

편지 내용은 오랜 동지로서 조봉암이 충분히 할 수 있는 말을 적어놓은 데 불과했다.

김일성과 무정의 영웅주의적인 패권주의를 경고해 주고

당의 대선배로서 꿋꿋이 버티라는 충고에는 나름대로 깊은 애정이 담겨 있었다.

그러나 그것이 공개된다면 공산당에 큰 타격이 될 수 있었다.

조봉암이 개인 서신이니 돌려 달라고 요구했으나

미군 정보대는 이 편지를 간직하고 있다가 5월 7일 돌연 우익 신문들에 공개하여, 일제히 기사화하도록 했다.

조선공산당은 발칵 뒤집혔다.

미소공위가 휴회한 직후였다.

당황한 조봉암은 편지가 유출된 경위에 대해 해명하며 김일성과 무정에 대한 평가 등 일부 내용은 편지의 원문과도 다르다고 주장했다.

그러나 이미 엎질러진 물이었다.

사회주의 계열과 진보 진영으로부터 심한 비난을 받던 조봉암은

미군 첩보대에 연행되었다가

열흘 만에 석방된 직후인 6월 23일,

인천 공설운동장에서 열린 인천 시민대회에 등장해

조선공산당을 비난하는 성명을 발표했다.

그리고 다시 두 달 후에는 조선공산당과의 모든 관계를 청산하며 계급독재를 반대한다는 성명을 발표했다.

5개 항의 성명서 중 3개 항은 노동계급과 공산당의 독재를 반대한다는 내용이고,

다른 두 조항은 인민위원회와 민전 등으로 정권을 취하려는 정책을 반대한다,

소련에만 의존하여 미국을 반대하는 태도는 원치 않는다는 내용이었다.

조봉암의 선언은 일당독재와 스탈린주의에 대한 그의 오랜 불신을 표출한 것이라 할 수 있었다.

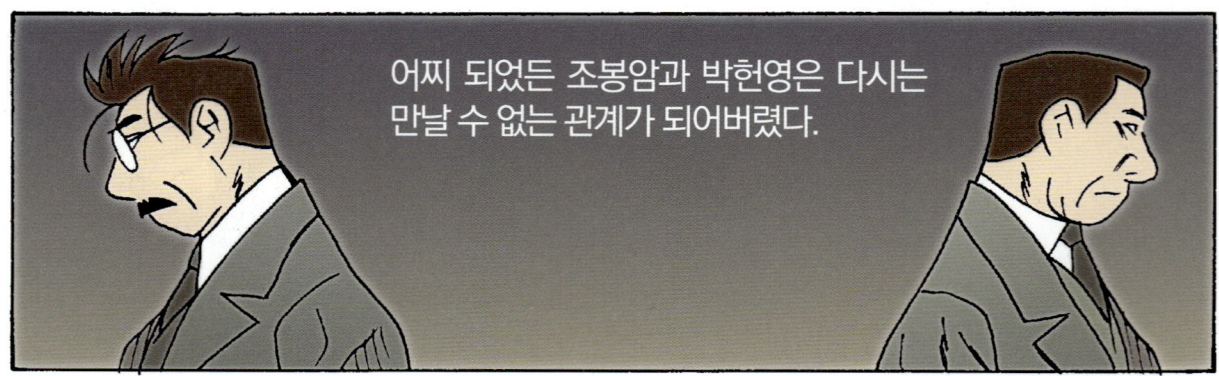

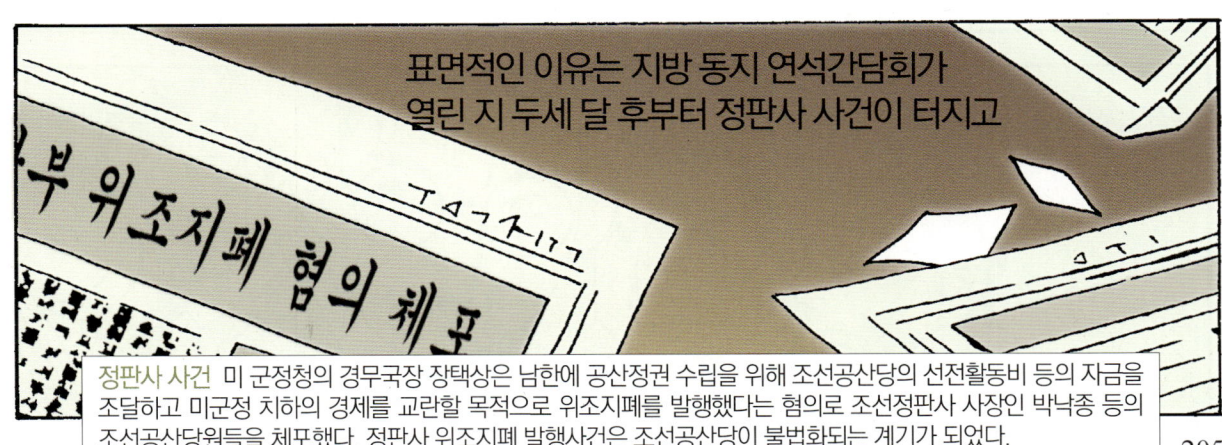

정판사 사건 미 군정청의 경무국장 장택상은 남한에 공산정권 수립을 위해 조선공산당의 선전활동비 등의 자금을 조달하고 미군정 치하의 경제를 교란할 목적으로 위조지폐를 발행했다는 혐의로 조선정판사 사장인 박낙종 등의 조선공산당원들을 체포했다. 정판사 위조지폐 발행사건은 조선공산당이 불법화되는 계기가 되었다.

조선공산당 지도부 수배령이 떨어지는 등 정세가 극히 악화되어 전당대회 개최와 지도부 교체가 불가능하다는 것이었다.

그러나 박헌영은 반중앙파의 요구대로 전당대회를 연다 해도 자신들이 다수를 차지하리라는 점을 잘 알고 있었다.

실제로 얼마 후인 1946년 8월 남로당 창당 문제로 벌어진 논란 때문에 전국의 세포회의에 당 지도부에 대한 지지 투표를 했을 때

경남 일부와 서울의 동대문구를 제외하고는 전국에서 압도적으로 승리했다.

그럼에도 전당대회를 거부한 이유는 미군정의 감시가 극심한 가운데 전당대회를 여는 것은 자살행위라는 우려 때문이었다.

또, 지금도 다수의 결정을 거부하는 반중앙파들이 전당대회에서 소수가 되었다고 반당행위를 중지할 리가 없다는 판단이었다.

그들의 추후 행적을 보면 충분히 그런 사태가 벌어질 만했다.

얼마 지나지 않아 일제 강점기보다 상황이 더 악화되어

저항하다가 숨졌다.

박헌영에게는 정치공작의 위협뿐 아니라 더한 위험도 도사리고 있었다.

바로 암살이었다.

민족반역자들아 천벌을 받아라!

이렇듯 박헌영이 내우외환에 시달리고 있던 사이에도 미군정에 의한 또 다른 치명적인 정치공작이 진행되고 있었다.

… 약해.

아직도 조선공산당이나 박헌영 같은 작자들을 우러러보고 있는 무지렁이들이 너무 많아…….

조선은행권 일제강점기에 조선총독부가 한국과 대륙경제를 수탈하기 위해 세운 중앙은행인 조선은행에서 발행한 화폐이다. 해방 후 미군정 시기에도 통용되었으나 정부 수립 이후 조선은행의 후신인 한국은행의 한국은행권이 발행되면서 자취를 감추었다.

4. 정판사 사건

이때 인쇄소 직원들은 모두 일제 강점기부터 일해온 이들을 재고용했다.

조선공산당 중앙당은 불하를 받고도 여러 달이 지난 1946년 1월부터 비어 있던 2층에 입주해 업무를 시작했다.

문제는 일제 강점기부터 지폐 인쇄에 종사해오던 직원 김창선으로부터 시작되었다.

공산당과는 아무 상관이 없는 인물인 김창선은 1946년 9월 일본 기술자들이 철수할 때

백 원권 징크판 2개조를 빼돌렸다.

징크판은 지폐 원판을 이용해 아연판을 눌러 놓은 인쇄용 원판으로 흑색, 청색, 적색의 세 가지 색상으로 구성되므로 모두 6장을 빼돌린 것이다.

김창선은 빼돌린 징크판의 일부를 10월 중순

양송구라는 인물에게 팔았다.

아직 조선공산당은 근택빌딩에 입주하기도 전이었다.

양승구는 극우단체인 독립촉성중앙협의회(독촉) 뚝섬위원회 조직부장인 이원재의 이모부였다.

이원재와 양승구는 여러 대의 소형 인쇄기를 구입해 자신의 독촉 사무실에서 지폐를 인쇄하려 시도했으나

장비와 기술이 부족해 거듭 실패했다.

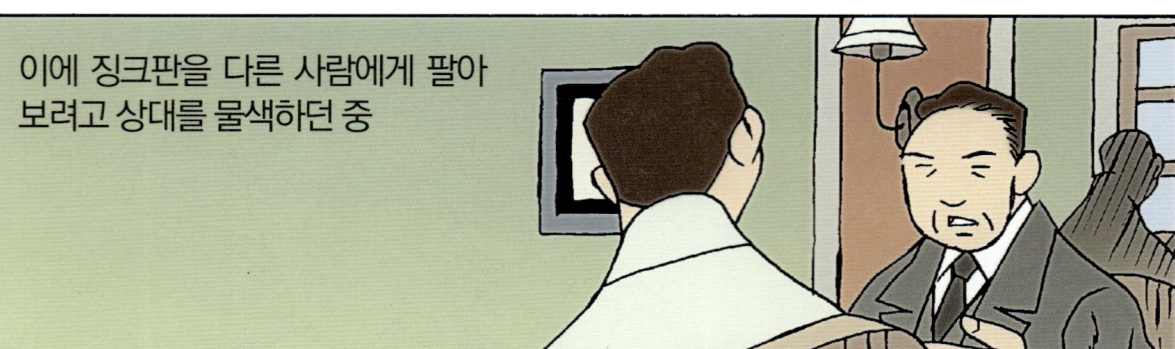

이에 징크판을 다른 사람에게 팔아보려고 상대를 물색하던 중

중부경찰서에 적발되고 말았다.

이때가 1946년 5월로

그사이 공산당은 근택빌딩에 입주했고

인쇄소 직원들도 일정한 교육을 받은 후 조선공산당에 가입해 있었다.

관련자들을 체포한 경찰은 독립촉성중앙협의회 관계자들이 위조지폐를 만들려 했다는 사실보다는

징크판이 조선정판사 기술과장인 김창선에게서 나왔다는 점에 주목했다.

보고를 받은 미군정은 정판사 직원 전체를 연행하도록 지시했다.

1945년 10월 중순 근택빌딩 2층 조선공산당 사무실에서 이관술과 권오직이 김창선에게 위조지폐를 인쇄하라고 지시했다.

김창선은 여섯 차례에 걸쳐 900만 원을 인쇄해 이관술에게 제공했는데 아무 보답이 없자,

분하게 여겨 징크판을 다른 사람에게 팔았다가 발각되었다는 것이

경찰의 발표였다.

경찰이 위조지폐를 처음 인쇄하기 시작했다는 1945년 10월 중순은 아직 공산당이 입주도 하지 않아

근택빌딩 2층은 비어 있었고 이관술은 그곳에 갈 일도 없었다.

해방된 지 불과 두 달 밖에 안 된 그 시기에는 공산당의 위세가 대단해서

화신백화점 박흥식 등 여러 재벌이 돈을 보따리로 싸들고 이관술을 찾아올 때였다.

막 합법화되어 최대 정당으로 발돋움하던 이 시기에

얼마 되지도 않는 돈을 마련하기 위해 위조지폐를 찍었다는 것은 비상식적인 주장이었다.

연행된 14명의 정판사 직원들은 위조지폐를 찍은 일이 절대 없다고 부인했으나

수사가 시작된 지 며칠 만에 김창선의 진술을 그대로 베껴내기 시작했다.

조선공산당에서 일하다 보니 생계를 위해 가입했을 뿐

불과 몇 달 전까지만 해도 일제 밑에서 일하던 안정된 직장인에 불과했던 인쇄공들이

그 과정에서 겪어야 했을 고초는 충분히 짐작되었다.

으아아악!

남한 경찰의 잔혹성은 일제의 그것과도 비교할 수 없이 악랄했다.

그들은 일제 강점기에는 단순히 먹고살기 위해 일본인 밑에서 고문을 맡았으나

해방과 더불어 경찰 고위직으로 승진한 이제는

자신의 직위와 생명을 걸고 반대세력을 탄압하기 시작한 것이다.

특히 조선공산당을 없애지 않으면 민족반역자로 몰려 처벌된다는 절박감이

그들을 더욱 악독하게 만들었다.

일제 강점기에 사용된 모든 악랄한 고문수단이 총동원되었고

남녀 구별 없이 홀랑 벗겨 매달아놓고 매질을 하는 것이 보통이었다.

경찰의 발표는 허점투성이었다.

1,200만 장이나 찍었다고 위폐의 증거로 제시한 위폐가 처음에는 단 두 장이었다가

최종적으로도 서른세 장뿐이었고

이마저 정판사 인쇄기로 찍은 것과는 다르다는 사실이 위폐 감정 전문가들에 의해 입증되었다.

이후 재판 과정에서 초동수사때 인쇄 사실을 시인했던 인쇄소 직원들은

가혹한 고문 때문에 시키는 대로 진술했을 뿐이라며 이후 범죄 사실을 일체 부인했다.

이들이 줄기차게 고문을 받았다고 주장하자 재판부는 신체검사를 의뢰하지만

이미 체포된 지 다섯 달이 지난 시점으로 교묘하게 자행된 고문의 흔적이 남아 있을 리 없었다.

경찰의 발표에 조선공산당은 즉각 가혹한 고문으로 조작된 누명이라는 성명을 내고

또한, 미군정은 한국인 경찰의 조작일 경우 엄단하겠다는 엄포를 놓기도 했다.

그러나 실제로는 처음부터 미군정의 공작에 의해 조작된 사건이라는 의혹에서 벗어날 수 없었다.

사건을 지휘한 경찰청장 장택상도 기자들과의 대담에서

위폐사건에 대해 자신에게는 결정권이 없으며

위에서 시키는 대로 할 뿐이라고 실토했다.

간접적으로 이 사건이 조작되었음을 시인한 셈이다.

우익단체들은 공산당이 위조지폐를 찍었다고 확신하거나 혹은 그렇게 몰아갔다.

5월 12일, 서울운동장에서 독립 전취 국민대회를 마친 우익청년들이

수십 대의 트럭에 나눠 타고 시내를 질주하면서

민전 산하 각 단체와 언론기관을 습격하는 무법천지의 사태가 벌어졌다.

자유신문사에 침입해 기계, 의류, 종이 등을 강탈해가고

가옥을 파손하고

경성자동차 서비스 회사에 침입해 도끼로 사람을 상해하는 등

서울 시내는 온통 공포의 도가니가 되었다.

우익 폭도들의 테러가 계속되는데도 경찰은 수수방관만 했다.

우익 청년단들은 "공산당이 방화하니 불조심"이니

"경제 혼란을 일으키려고 지폐 위조" 등의 내용이 담긴 유인물을 뿌리거나

포스터를 붙이고 다녔다.

이들 폭력단은 명백히 미군정과 경찰의 비호를 받고 있었다.

1946년 들어 결성된 조선민족청년단(족청)은 처음부터 미군정에 의해 조직된 단체였다.

족청의 대표는 일본 육사 출신으로 일본군에서 탈영해 광복군 제2지대장을 역임했던 이범석이었다.

그는 제2차 세계대전 말기 중국에서 미군 정보기관이 훈련시킨 조선인 중 한 명으로

철두철미한 극우파였다.

결국 총 한 방 못 쏘고 해방을 맞아 귀국한 이범석에게 미군정은 비밀리에 500만 달러의 활동비와

남한 지역에서 공산주의 세력을 몰아내는 전위대 역할을 맡기기 위함이었다.

또 장차 반공 국군의 토대로 삼기 위함이었다.

족청의 수원 훈련소장 안호상은 히틀러 시대 독일에 유학하면서 파시즘에 깊이 경도되어

히틀러를 공개적으로 예찬해온 인물이었다.

미군정은 경찰 간부나 국군 장교 같은 더욱 강력한 합법적인 권력을 부여했다.

족청 출신들은 국군 장성과 장교,

경찰 간부에 대거 진출했고

나중에 국회에도 다수 진출했다.

미군정은 이들 경찰과 청년단에게 치안 유지를 맡겼을 뿐 아니라

양곡 강제 징수권을 부여하여 민중의 격분을 샀다.

경찰은 양곡의 강제 공출에 막대한 결정권을 갖고 있었다.

농가당 공출량을 배정하고 도시민에 대한 배급량도 결정했다.

물가가 폭등하는 상황에서 경찰에게 주어진 이 막강한 권한은 부패와 비리의 원천이 되었고

민중의 분노에 불을 붙였다.

극우 폭력집단에서 배출된 경찰관들은 자기와 밀접한 이들의 공출량은 적게 하고

영세 농민에게는 과다하게 할당해 불만을 샀다.

견디다 못한 일부 농민들은 산으로 도망쳐 야산대가 되어

경찰과 행정관소를 공격하기도 했다.

박헌영은 정판사 위조지폐 사건을 조선판 히틀러 테러라 규정하고

히틀러 도당이 독일 국회의사당에 불을 놓고 공산당이 했다고 선전하던 방법을 조선의 작은 히틀러 무리가 쓰고 있다고 비난했다.

그는 「조선인민보」에서

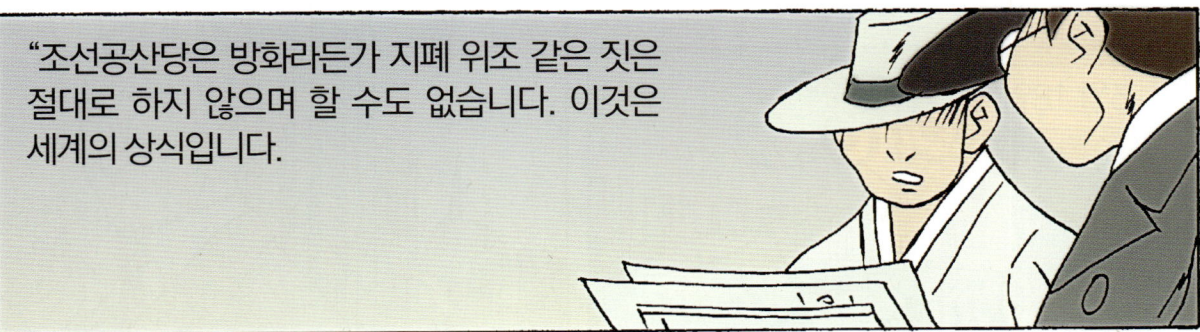

"조선공산당은 방화라든가 지폐 위조 같은 짓은 절대로 하지 않으며 할 수도 없습니다. 이것은 세계의 상식입니다.

왜냐하면 조선공산당은 인민대중을 떠나서는 존재할 수 없으며 따라서 인민대중에 해가 되는 일은 절대로 하지 않으며 또 할 수 없는 정당이기 때문입니다"라고 호소했다.

이주하 등 공산당 필진들도 거듭 억울한 누명임을 주장하는 글을 발표했다.

미군정 적산관리과에서 40시간 안에 우리 조선공산당 사무실을 이 빌딩에서 철수하라는 통보를 해왔습니다.

이…….

나 이승만은 위조지폐나 찍어 대는 조선공산당과는 이 땅에서 단 하루라도 같이할 수 없음을 밝힙니다.

쾅

조선공산당은 미군정 적산관리과에서 근택빌딩을 회수함에 따라

5월 30일 사무실을 남대문 앞 일화빌딩으로 옮겨야 했다.

나날이

상황이 악화되는 가운데서도

박헌영은 어떻게든 희망의 끈을 놓지 않으려 애썼다.

1946년 6월 27일

박헌영은 전평 위원장인 허성택, 조선청년동맹 위원장 이호제, 이론가 박치우 등과 함께

삼팔선을 넘어 북한을 방문했다.

5월 23일부터 미군정이 삼팔선 왕래를 금지했기 때문에

박헌영은 김일성의 좌익 모험주의적 경향을 경계하여 한 달 전인 5월 하순

이를 비판하는 편지를 스탈린에게 보낸 상태였다.

지난해 북조선 분국 문제로 편지를 보낸 데 이어 두 번째였다.

편지는 지난번처럼 하바로프스크 KGB 지국을 통해 스탈린에게 전달되었다.

조선에 민주기지를 건설하기 위해서는 부르주아 민주혁명을 선행해야 합니다. 그러나 북조선의 김일성은 무력통일을 위해 무장력을 갖춰야 한다는 등 너무 독단적으로 혁명을 추진하고 있습니다.

남조선에서는 미군정이라는 어려운 여건에서 활동하기 때문에 독단적으로 혁명을 추진할 수는 없습니다.

이승만도 귀국했지만 인민의 지지가 완전하지 못한 것처럼 남조선 정세가 날로 복잡해지고 있는 가운데 조선공산당은

평화적인 방법으로 남한에서 활동해 인민들을 끌어들여야 성공할 수 있습니다.

스탈린도 이번에는 박헌영의 의견을 존중했다.

전쟁을 통한 통일은 스탈린이 바라던 바가 아니었기 때문이다.

독일과의 전쟁에서 막대한 희생을 치른 스탈린은 가급적 전쟁을 피하려 했다.

스탈린은 박헌영의 의견이 설득력이 있다며 KGB에 해결책을 지시했고,

KGB는 즉각 이 의견을 김일성에게 전달했다.

서로 공개적으로 드러내지는 않았으나 박헌영이 또다시 김일성의 오류를 지적하는 서신을 보낸 상황에서 열린

남북의 공산당 지도자회의는 사뭇 논쟁적이었다.

'정책협의회'라는 제목으로 6월 29일부터 시작된 회의는 퍽 자유로운 분위기 속에서 진행되었다.

참석자들은 자신의 의견을 두려움 없이 발언할 수 있었으며

의장에게 일일이 발언권을 얻지 않고도 보통의 좌담처럼 자유롭게 토론했다.

그러나 이는 조선공산당 중앙이라는 명분뿐 언제 미군정에 체포될지 모르고

아무런 실권도 없는 박헌영에 대한 비판의 시간이기에 가능한 자유였다.

먼저 박헌영이 남한의 정세를 설명하자

남한의 반탁운동이 기세를 올리는 것은 공산당이 3상 협상안을 제대로 선전하지 못한 탓이 아니냐는 비판이 쏟아져 나왔다.

신탁을 먼저 제기한 것이 미국이라는 내용의 소련「타스통신」기사를 잘 활용해서 상황을 반전시키지 못했다는 점도 지적되었다.

회의 벽두부터 갑작스럽게 쏟아지는 비판에 박헌영은 꼼짝 않고 앉아 아무 대꾸도 하지 않았다.

참다못해 입이 무겁고 신중하기로 이름난 박치우가 일어나 남한의 형편이 북한 같지 않다고 항의하기도 했다.

박헌영은 정판사 사건은 미군정과 경찰의 조작이라고 설명했으나,

북조선 분국 간부들은 총독부 화폐를 찍은 건물을 인수하면서 왜 기계를 치우지 않았는가를 지적했다.

「해방일보」를 인쇄하기 위해 일부러 인쇄소를 접수한 박헌영으로서는 억울한 지적이었다.

심지어 소련파들은 남한 지도부가 정말로 위폐를 찍었을지도 모른다고 의심까지 했으나

조선공산당 전체가 비난받을 수 있는 사안이라 노골적으로 드러내지는 못했다.

좌우합작 문제도 주요 논제였다.

건국준비위원회, 인민공화국, 민족주의민족전선 등 그동안 남한에서는 여러 차례 좌우합작이 시도되었다가 실패했고

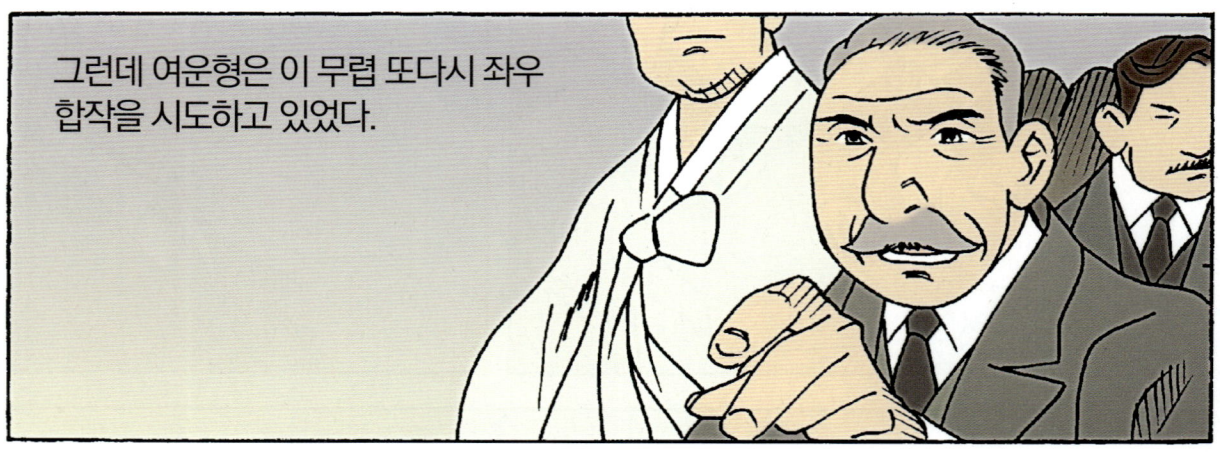

뜻을 모아 새 나라의 기본법을 만들 입법기관을 구성하자는 것이었다.

김일성을 비롯한 북조선 분국 간부들은 왜 박헌영은 여운형과 함께 좌우합작에 나서지 않느냐며 비판했다.

여운형이 박헌영에게 특별한 사람임은 부인할 수 없었다.

여운형은 1920년 상해 시절 그를 고려공산당에 받아주고 공산주의 이론을 가르쳤으며

주세죽과의 결혼식 주례까지 서준 사람이었다.

박헌영은 이 무렵 여운형의 환갑을 맞아 경륜과 인격을 칭송하는 긴 편지를 보냈을 뿐 아니라,

양평의 여운형 집에서 열린 회갑잔치에도 직접 참석해 축하했다.

그러나 개인적 존경과 정치적인 입장이 같을 수는 없었다.

그는 박헌영이 지나치게 원칙만 고수해 공산당을 고립시키고 있다고 보았다.

그는 남쪽의 조선공산당이 중도세력 및 반이승만 계열의 민족주의자들을 포용하는 데 더욱 적극적이어야 하고

여운형의 합작운동에 당연히 함께해야 한다고 보았다.

김일성은 극비리에 성시백 등 정치공작조를 남하시켜

박헌영 계열에서 소외된 사회주의 계열 정치가들이나 민족주의 세력을 포섭하는 작업을 해오고 있었다.

이들 중에는 일제 말기 전향을 했거나 친일행위를 했던 이들이 많았다.

정치적 입지를 상실했거나 궁지에 몰려 있던 그들은 과거를 묻지 않고 손을 잡아주는 김일성에게 철저한 복종을 맹세했다.

이들은 김일성에 의해 임명된 신진관료들과 함께 김일성을 수호하고 여타 세력을 배척하는 충성스런 집단이 되었다.

얼마 후 좌익이 궁지에 몰리자, 대부분 다시 우익 편에 서지만

일부는 월북해 끝까지 살아남는다.

박헌영은 김일성이 이러한 비밀공작을 위해 북한에서는 휴지가 되어버린 막대한 일본 화폐를

몰래 내려 보내고 있다는 정보를 알고 있었다.

김일성의 지적은 원칙적으로는 옳았다.

그러나 좌익과 우익이 이미 돌이킬 수 없는 적대상태로 치닫고 있는 데다

사회주의 계열을 고사시키기 위한 미군정의 정치공작이 본격화된 상황에서

사회주의 계열은 어떤 전략을 짜더라도 운신의 폭이 없었다.

얼핏 보기에는 박헌영의 원칙주의가 우익과의 합작을 방해하는 듯 보였지만

내막은 그렇지 않았다.

사회주의 계열이 줄기차게 통일전선을 시도했으나 우익은 자신의 돈과 땅을 빼앗아가려는 공산당을 벌레보다 혐오했고,

사회주의 계열과 같은 하늘 아래에서 사는 자체를 용납하지 않았다.

이는 이미 일제 강점기에 시작된 본능적인 증오였다.

우익들의 테러가 좌우 대립이 본격화되기도 전인 해방 직후 9월부터 시작된 사실이 그 증거였다.

일제 강점기에 유창한 일본말로 조선인을 징벌하던 판사와 검사들은

극우 테러범들은 애국자로 관대하게 대우한 반면, 사회주의 계열 사범들은 자신들의 기득권을 빼앗으려는 범죄자로 단죄하고 있었다.

훗날의 역사학자들도 박헌영이 우익 민족주의자들을 포용하지 못해 집권에 실패했다고 너무 쉽게 단정하지만

일면적 시각이었다.

박헌영보다 훨씬 유연하게 우익과 접촉하려 애썼던 여운형, 조봉암, 백남운 등도 모두 정치세력화에 실패했을 뿐 아니라,

송진우, 김구, 김규식, 이시영 등 양심적인 우익 지도자들조차 결국에는 모조리 실패했다는 사실을 외면한 아전인수식 비판이었다.

미국과 손잡은 이승만과 한민당의 테러 탄압 아래

남한에서 살아남을 수 있는 정치세력은 거의 없었다.

필요한 것은 투쟁뿐이었다.

조선공산당과 그 후신인 남로당이 우익과 타협하지 못해 정치 주도권을 잃었다는 비판은 순박하거나 아니면 고의적인 왜곡이었다.

오히려 그들의 가치는 타협이 불가능한 미군정과 이승만 정권에 유일하게 맞선 세력이라는 점에 있었다.

남로당마저 붕괴된 뒤 이승만과 경쟁한 세력은

이 추악하고 잔인한 정치적 대학살 시기에 이승만과 손을 잡고 피를 뿌렸던 바로 그들이었다.

단지 이승만 독재에 반대할 뿐 철저히 보수적인 그들은

장차 남한의 야당이 되어 수십 년 이상 남한의 민주주의운동을 지배하게 된다.

남북 공산당 지도자회의를 마친 박헌영은

7월 1일 김일성과 함께 모스크바로 떠났다.

명목상으로는 비밀리에 열린 국제 공산주의 지도자회의에 참석하기 위함이었다.

군부는 김일성을 밀고 영사부에서는 박헌영을 추천하고 있습니다.

KGB 국장 베리야

흠…….

크렘린궁에 마련된 회견장에는 한반도의 공산주의운동을 이끄는 핵심 권력자들이 두루 호출되었다.

박헌영, 김일성, 허가이 외에

북한의 소련군정 사령관 스티코프 상장과 로마넨코 소장 그리고 서울 주재 소련 영사관 부영사 샤브신 등이었다.

이날의 좌석 배치는 장차 북한의 권력 서열을 가름하는 중요한 단서가 되었다.

통상적으로 최고의 손님을 오른편에 앉히는 것이 국제관례였다.

의전에 까다로운 크렘린궁도 스탈린의 오른편 좌석이 상석이었다.

스탈린은 오른편에 김일성을 앉히고

왼편에 박헌영을 앉혔다.

동석한 소련군정 사령관 스티코프와 샤브신은 좌석 배치만으로도

스탈린의 의중을 확인할 수 있었다.

소련군정이 미소공위 개최를 맞아 작성했던 임시정부 내각에서 박헌영이 부수상을 차지하고

김일성은 내무부 장관에 국한되었던 것과는 사뭇 달랐다.

남북이 통일될 경우는 박헌영이 좀 더 지도적인 위치에 놓이지만

분단된 북한에서는 김일성이 확고한 지위를 유지한다는 의미로 해석해도 무방했다.

분단으로 치닫는 상황에서는

박헌영은 어디까지나 남한 지역을 책임진 '혁명가'였다.

실제로 스탈린은 김일성에게는 "소련군정의 협력을 받아 북조선의 소비에트화 정책을 조기에 실현시키도록 투쟁하라"고 지시한 반면

박헌영에게는

"어려운 여건 속에서 분투하는 그대의 혁명투쟁을 높이 평가한다"며 격려했다.

스탈린은 이때의 만남에서 또 다른 중대한 문제도 제기했다.

조선의 공산주의자들이 굳이 '공산당'이라는 이름을 고수할 필요가 있는가 하는 의문이었다.

부르주아 민주주의 단계에 맞게 '사회당' 혹은 '노동당'이라는 명칭을 사용할 수 있지 않느냐는 것이었다.

사회민주당이나 노동당을 표방하면서 업무를 수행하는 게 불가능한 일인가?

일제 강점기부터 '공산당'이라는 명칭에 익숙한 박헌영이나 김일성은 즉답을 할 수 없었다.

가능한 일이기는 하지만…….

인민과 상의를 해봐야 할 것 같습니다.

인민이라니?

스탈린은 오히려 놀라며 반문했다.

조선에 인민이야 땅을 가는 사람들이 잖소.

결정은 우리가 해야지.

독재자 스탈린다운 표현이었다.

부녀는 함께

사흘간 별장에서 지냈다.

박헌영은 비비안나에게 보낸 편지에서 알 수 있듯이

만 세살 때 헤어진 딸에게 몹시 애틋한 감정을 갖고 있었다.

박헌영의 러시아 동료 중 한 사람이 "아버지 양복 단추가 떨어졌으니 단추를 달아드려라"라고 조언하기도 했다.

박헌영이 다녀간 후

비비안나는 학교에서 전보다 좋은 대우를 받을 수 있게 되었다.

박헌영은 딸에게 금반지 하나와 작은 다이아몬드가 박힌 반지를 주고 갔다.

늘 배가 고팠던 비비안나는

다이아몬드 반지는 평생 간직했다.

금반지를 팔아서 빵을 사먹었으나

한편, 박헌영이 비밀리에 모스크바를 방문 중이던 7월 6일

충신동 자신의 집에서 체포되었다.

그는 체포되기 전부터도

자신이 운영하던 해방서점에

재판정에서 이를 폭로했다.

물론 아무런 소용이 없는 항변이었다.

나의 조국엔
언제나
감옥이 있었다
······
빼앗긴 조국에도
해방된 조국에도
······

5. 체포령

남한의 미군정과 우익들은 사회주의 계열의 활동을 근본적으로 막을 수는 없었으나

자신들의 사법권 안에 들어온 진실을 은폐하고 왜곡하는 데는 힘이 넘쳤다.

대개 친일파 출신인 재판부는 위폐 사건이 고문에 의해 조작된 누명이라는 공산당의 주장을 무시하는 데만 완고했다.

'사도법관'이라는 칭송을 듣던 양심적인 검사 김홍섭은 재판 도중 사표를 제출했고

모스크바 방문을 마치고 돌아온 박헌영 앞에는 골치 아픈 문제들이 산적해 있었다.

김일성은 스탈린의 제안을 명분 삼아 남북에 별도의 노동당을 만들자고 제안했다.

박헌영의 영향력에서 벗어나 독자적인 지도권을 확립하려는 의도였다.

소련군정도 이에 동의하고 나섰다.

노동당은 단순히 공산당이라는 명칭만 바꾸려는 게 아니라 중도좌파를 포함한 좌익세력 전체를 연합하려는 계획이었다.

북한에서는 김두봉이 이끌던 연안파의 신민당과 김일성의 북조선 분국이 합당키로 했다.

청우당, 조선민주당 등은 합당 대상에서 제외되어 우익 정당으로 남았으나

다당제 명분을 위한 형식에 불과했다.

남한의 사정은 좀 더 복잡했다.

남한에는 여운형의 인민당, 백남운의 신민당 등 좌익 정당이 10개에 이르렀다.

북한의 중간파 정당들이 소련군정의 지휘 아래 반강제적으로 만들어진 것과 달리

남한의 좌익 정당들은 명백히 공산당과 노선 혹은 인적인 불만을 갖고 갈라선 당들이었다.

합당 문제에 대해서도 제각기 자유로운 결정권을 갖고 있어 쉽사리 통합될 수 없었다.

노동당 결성보다 더 급한 것은 공산당을 위조지폐의 오명으로부터 건져내는 일이었다.

당의 제2인자이던 최측근 이관술의 구속은 심대한 타격이었다.

박헌영은 재정과 출판 업무를 경남의 대지주 출신인 성유경에게 넘기는 한편,

구속자들을 석방시키기 위해 당력을 기울였다.

7월 29일에 열린 첫 재판에는

5천 명이 넘는 당원들이 법원에 몰려가 항의 시위를 하던 와중에

중학생 하나가 총에 맞아 죽고 50여 명이 구속당하는 사태가 벌어졌다.

미군정에 대한 비판은 점차 수위가 높아졌다.

박헌영은 8월 3일자로 미군 사령관 하지 중장에게 미군정의 실책을 비난하고 정권을 인민위원회에 넘겨줄 것을 요구하는 서한을 보냈다.

또 이를 「조선인민보」에 게재했다.

박헌영은 이 공개서한에서

미군정 하의 남한 민중의 삶이 일제 강점기보다 더 악화되었다고 맹공을 퍼부었다.

장군의 군정이 1년 가까이 경과된 오늘날 우리 남조선의 현실은 어떠한 상황에 이르렀습니까?

모든 산업은 파멸의 일로를 걷고 있고, 농업 생산은 저하되었으며, 1945년도는 비상한 풍작임에도 불구하고 남조선 각지는 기아자가 속출하여

일반 시민은 식량난으로 인하여 하루 한 끼도 먹기 어려운 조선 역사상 초유의 곤경에 빠져 있지 않습니까?

테러와 파괴는 백야에 횡행하여 전북 삼례군 와리 같은 곳은 촌락 하나가 경찰과 독립촉성국민회의 합작 테러로 인하여 전멸 상태에 들어가고

경향 각지의 경찰서와 감옥에는 태평양전쟁 시대에 일제에 반대하고 장군의 군대의 승리를 위하여 투쟁하던 수백·수천의 반일투사들로 채워졌습니다.

장군이 지배하는 군정기관이나 문화교육기관 같은 곳까지 조금이라도 민주 색채를 가진 자면 모조리 축출의 운명을 만나게 되고

모략·중상 등 극도로 부패한 도덕이 인민의 눈살을 찌푸리게 합니다.

인플레는 한량없이 올라가고 물가는 나날이 증가되어도 인민의 수중에는 화폐가 쥐어지지 않을 뿐 아니라 쥐어질 기회까지 완전히 소실되고 있습니다.

이 수많은 화폐는 소수 모리배와 반동 거두들의 수중에 집중되어 인민의 구매력은 극도로 저하됩니다.

박헌영은 이러한 문제의 근원이 미군정의 실정에 있다고 질타했다.

군정기관에서 정치적 세력을 장악하고 운용하는 자가 친일파, 민족반역자, 반동적 파쇼분자인 까닭이라는 지적이었다.

유일한 해결책은 즉시 인민위원회에 권력을 넘겨 친일파, 민족반역자, 모리배들을 정권에서 몰아내는 길이라고 주장했다.

인민의 진정한 대표들이자, 수십 년간 일제에 반항해 투쟁한 애국자들에게 정권을 넘겨야 한다는 주장이었다.

8월 7일의 기자회견에서는

해방 1주년을 기념하는 이날의 8·15 행사는 두 군데서 이뤄졌다.

사회주의 계열 측은 서울운동장에서

우익 측은 군정청 광장에서 개최했다.

군정청 광장에서 열린 우익의 기념식은 겉은 요란했으나 실제 인원은 얼마 되지 않았다.

미군이 앞장서 걸어나가는 뒤로 수백 대나 되는 고급 자동차와 트럭이 뒤따랐는데

군정청 관료들과 한민당 간부들이 타고 있었다.

잘 차린 양복과 양장을 입고 제각기 부채질을 하며 좌석에 앉은 뒤로는 미군정청 상급관리며 은행이나 회사 사원들,

새로 만든 제복을 입고 나온 건청 등 청년단체원들,

집단 동원된 여학생과 초등학생들이 걸어갔다.

그 숫자는 2만여 명 정도였다.

사회주의 계열 측은 전국 지구당에 조직 총동원령을 내려

서울운동장과 그 주변에 빽빽이 들어찰 정도로 많은 인원이 모였다.

한 줄에 8~10명씩 늘어선 시위행렬은 서울운동장에서 남산까지 연결되어

신문들은 30만 대중이 집결했다고 보도했다.

전남 광주 일대와 전북 김제 등에서는 군정 경찰이 사회주의 계열의 가두행진을 막는 과정에서

물리적 충돌이 발생해 사상자가 나오기도 했다.

조선공산당은 8·15시위를 기점으로 민주제도의 즉각적인 실시와 인민위원회로 정권을 넘길 것을 요구하는 전면투쟁에 들어갔다.

이른바 신전술이었다.

박헌영이 신전술을 채택한 것은

미군정 아래 남한 땅에서 공산주의가 평화적으로 뿌리를 내리기란 불가능하다는 판단에 따른 것이었다.

훗날 북한 법정은 신전술이 고의적으로 남한의 혁명 역량을 소멸시키기 위해 만든 것이라고 주장한다.

북한의 주장을 믿지 않는 역사학자들조차 신전술은 박헌영이 좌익 모험주의에 빠져

돌출적으로 채택한 전술로 막대한 피해를 가져왔을 뿐이라고 평가한다.

하지만 두 견해 모두 틀렸다.

당시 한반도 공산주의운동의 구조로 볼 때 이런 중대한 사안을 박헌영이 혼자 마음대로 결정할 수는 없었다.

미국에 대한 전면투쟁은 소련과의 긴밀한 교감 속에 이뤄진 것으로

한반도뿐 아니라 독일, 베트남, 동유럽 각국에서 벌어진 동서냉전의 산물이었다.

먼저 신전술을 택한 것은 다름 아닌 스탈린이었다.

스탈린은 종전 1년 만에 미국을 당면한 적으로 규정했다.

7월 초에 열린 국제 공산주의 지도자회의 야말로 이를 공표하는 자리였다.

곧바로 무력 충돌에 들어가자는 의미는 아니었다.

스탈린은 눈에 보이지 않는 차가운 전쟁,

즉 냉전을 택했다.

미국 역시 정치·사회·문화·예술 전반에 걸쳐 공산주의자들에 대한 마녀사냥에 돌입했다.

기나긴 동서냉전의 시작이었다.

박헌영의 신전술은 결코 그 개인의 창작품이 아니었다.

분단을 고착화시킨 최초의 책임이 이승만과 미군정에 있던 것은 분명했다.

모스크바 3상협정에서 제시된 통일정부 수립을 거부하고 단독정부를 추진한 것이

이승만과 미국이라는 사실은 숨길 수 없는 역사적 진실이었다.

그러나 이 측면만을 강조해 분단의 모든 책임이 남한 측에만 있다고 할 수는 없었다.

북조선로동당의 결성은 순조롭게 진행되었다.

1946년 8월 28일에 열린 창당대회 주석단에는 소련군정에서 정치사령관 레베데프와 정치고문 발라사노프가 나오고

신민당의 김두봉과 공산당의 김일성, 여성동맹 위원장 박정애 등이 자리 잡았다.

주석단 뒷벽에는 스탈린의 대형 초상화와 같은 크기의 김일성 초상화가 걸렸다.

김일성은 열렬한 환호를 받으며 총비서에 취임했다.

반면, 남조선로동당(남로당)의 창당은 힘겹게 진행되었다.

남한에서 먼저 사회주의 계열의 3당을 합당하자고 공개 제안한 이는 여운형이었다.

북한에 올라가 김일성을 만나고 온 여운형이 1946년 8월 3일자로

반중앙파들이 이처럼 완강하게 중앙 타도를 들고 나온 이면에는 김일성과의 교감도 작용하고 있었다.

김일성은 공식적으로는 거듭 박헌영에 대한 지지를 표명했지만,

박헌영 계열과 대치하거나 그에게 소외된 이들에 대한 물질적·조직적 지원을 계속해오고 있었다.

그들은 자신들이 '권위 있는 선'을 통해 김일성의 지원을 받는다는 사실을 공공연히 자랑하고 다녔기 때문에

굳이 비밀이랄 것도 없었다.

김일성은 갈라진 세력을 규합함으로써 박헌영을 도우려는 것뿐이라고 자신의 이중행위를 합리화했다.

급기야 반중앙파들은 당 중앙을 비난하는 유인물을 만들어 공산당 내부는 물론 「대동신문」 같은 우익 신문에게도 나눠주고

일부는 가두에서 배포하기까지 했다.

김일성과 직통하고 있던 그들의 행위는 김일성의 위신에도 손상을 입혔다.

김일성은 공식적으로는 서울의 공산당 중앙을 지지하는 발언을 하면서도 이면으로는 박헌영 계열을 약화시키려 하고 있다는 의심을 받아야 했다.

논란은 결국 투표로 해결되었다.

전국에서 공산당 최하부 회의 단위인 세포회의를 열어 당 중앙을 지지할 것인가,

이주하 이하 중앙당 간부들은 유임되고 예정대로 3당 합당을 추진하기로 했다.

이에 박헌영은 조선인민당 위원장 여운형에게 인민당, 공산당, 신민당의 3당 합당 제안을 수락한다는 내용의 서신을 보냈다.

그러나 막상 통합 논의가 진행되자

인민당과 신민당의 지도자들은 당의 주도권을 공산당에 넘겨줄 수 없다며 차츰 발을 빼기 시작했다.

결국, 사회주의 계열을 통합하려던 남로당은 사실상 조선공산당에서 이름만 바꾼 수준으로 축소될 수밖에 없었다.

미군정과 우익은 이들 사회주의 계열 내부의 파벌투쟁을 좋은 선전거리로 이용하는 한편

남로당 결성은 소련의 지시에 의한 꼭두각시 행위라고 비난했다.

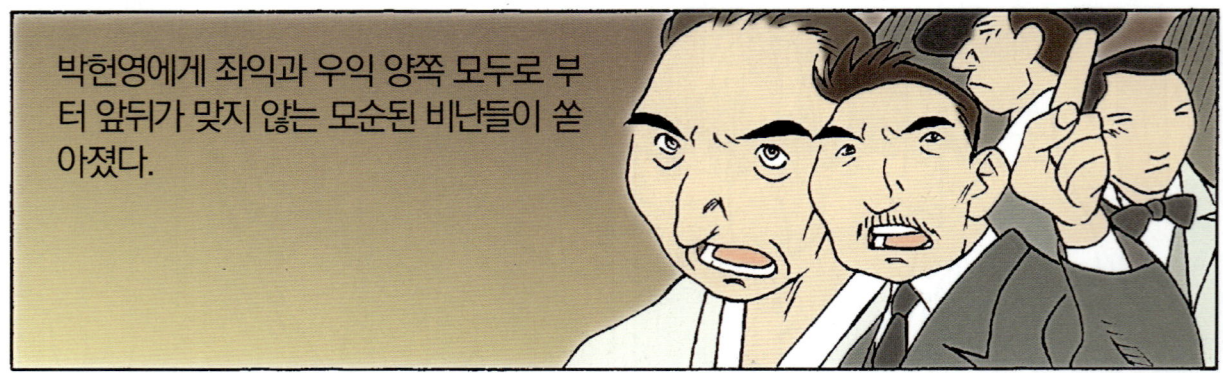

박헌영에게 좌익과 우익 양쪽 모두로부터 앞뒤가 맞지 않는 모순된 비난들이 쏟아졌다.

어떤 사람들은 그가 좌익 정당들을 통합하려는 것을 비난했고, 다른 사람들은 그가 우익 및 중도 민족주의자들과의 규합을 결렬시키려 하고 있다고 비난했다.

어떤 이들은 그가 즉각적인 사회주의 혁명을 주장하고 있다고 비난하는 반면,

다른 사람들은 그가 미군 정청과 유착했으며 제국주의에 항복했다고 주장했다.

미군정의 공격은 갈수록 심해졌다.

시내의 모든 교통기관을 검문검색하고 통행인을 검문했다.

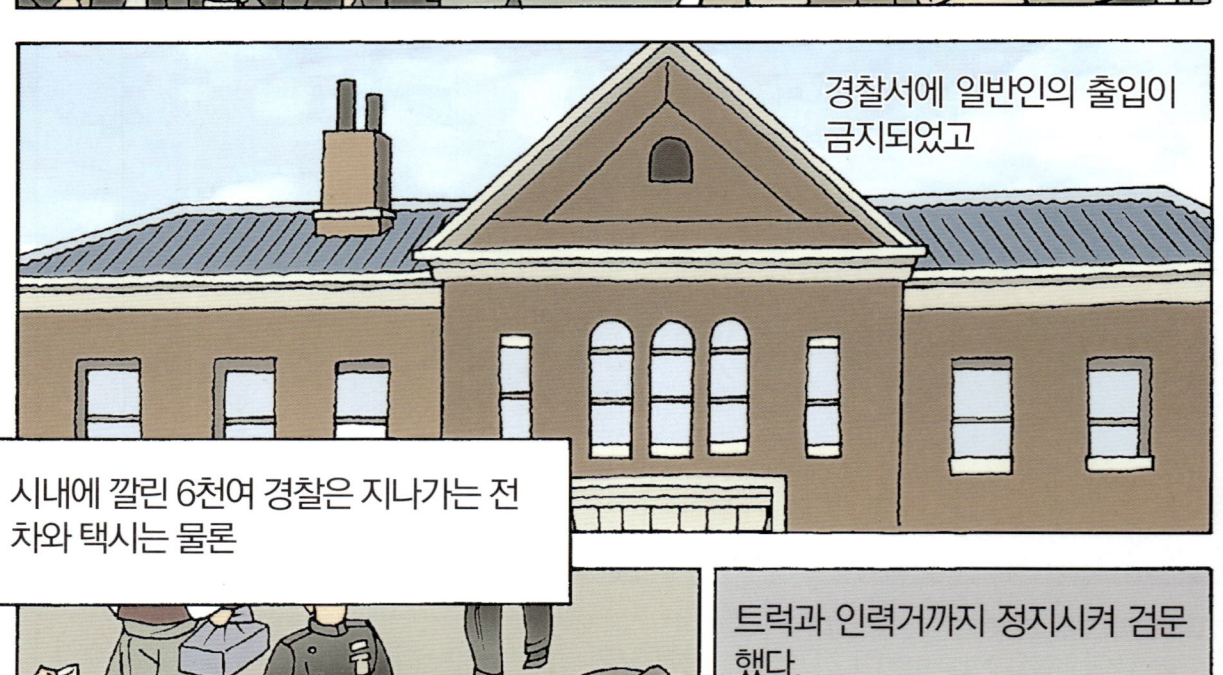

경찰서에 일반인의 출입이 금지되었고

시내에 깔린 6천여 경찰은 지나가는 전차와 택시는 물론

트럭과 인력거까지 정지시켜 검문했다.

정판사 사건 때와 같은 처신이었다.

미군정청 공보부도 이번 수배는 미군정청이 아니라 미군 사령관 하지의 직접 명령으로 집행되는 것이며

죄명은 맥아더 원수의 포고령 제2호 위반이라고 밝혔다.

남로당 창당이 지지부진한 상황에서 미군정의 폭압에 맞설 수 있는 전국적인 진보 단체는 민주주의민족전선(민전)이었다.

'부일 반역자'라는 용어를 사용하게 된 것은 친일파라는 범주가 너무 넓다는 지적에 따라

직접 일본에 충성을 바치고 조국을 배반한 자들만을 지칭하기 위함이었다.

박헌영은 수도권 경찰이 총동원되어 자신을 찾고 있던 시기에도

1개월여 동안 서울에 숨어 있었다.

그를 숨겨주고 연락을 맡은 인물은 어머니 조봉희로부터 대원각을 물려받고 해방 정국에서 화류계의 여왕으로 이름을 날리던 김소산이었다.

해방 후 노동자들은 극심한 고통의 삶을 살고 있었다. 1944년에 비해 1946년의 물가는 92배나 올랐지만 임금은 1/10도 따라가지 못했다.

식량 사정은 더욱 심각했다.

학원의 자유, 식민지 노예 교육의 철폐를 요구하며 거리로 나섰다.

국방경비대와 해상경비대 일부도 파업에 동참했을 뿐 아니라

서울에서는 주한 미군 내의 미국 공산당 수십 명이 '조선에서 미군을 철퇴하라!'며 시위를 벌인 이색적인 사건도 일어났다.

총파업은 박헌영이 독단적으로 이끌어 간 것은 아니었다.

9월 27일의 북로당 중앙위원회 제6차 회의는 남한의 노동자 파업을 적극적으로 지지하면서 그 정당성을 강력히 옹호하는 선언문을 채택했다.

선언문에는 북로당 전 당원을 총동원해 남조선 노동자의 영웅적 총궐기에 적극적으로 정신적·물질적 원조를 제공하겠다고 밝혔다.

전 당원이 노동시간을 한 시간씩 연장해 그 소득액을

남조선 노동자들에게 위문금으로 보낸다는 구체적인 결의안까지 도출되었다.

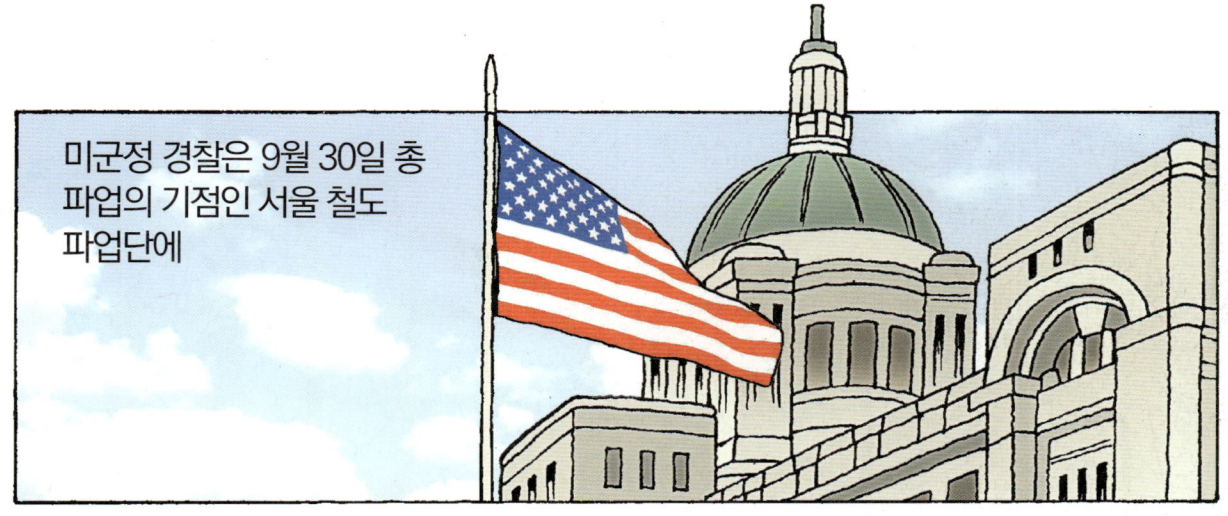

공산당의 역량은 총파업에 국한되어 있었다.

미군과의 항쟁을 결의했지만, 아직까지 공산주의운동의 기본 수단인 노동 계급의 파업을 설정했을 뿐

무력투쟁은 상정되어 있지 않았다.

그런데 미군정과 우익 청년단의 진압으로 마무리되어가던 총파업은 의외의 사태를 맞게 된다.

탕 탕

대구지역 노동자들의 파업시위에 경찰이 발포하자

즉흥적인 폭동으로 발전해버린 것이다.

대구 폭동 또는 10월항쟁이라 불리는 대규모 무장폭동이 시작되었다.

대구 폭동 또는 10월항쟁 1946년 10월 1일 미군정에 항거하며 발생한 민중봉기를 말한다. 9월 총파업의 연장선에서 10월 1일 대구의 시위가 직접적 계기가 되어 우발적으로 폭동이 발생했다. 이때 친형인 박상희가 살해되면서 박정희가 남로당에 가담하는 계기가 되었다.

차량은 물론 사람조차 시 경계를 넘을 수 없게 되면서 농작물과 생필품 공급이 끊어지고 말았다.

무엇보다 쌀이 부족했다.

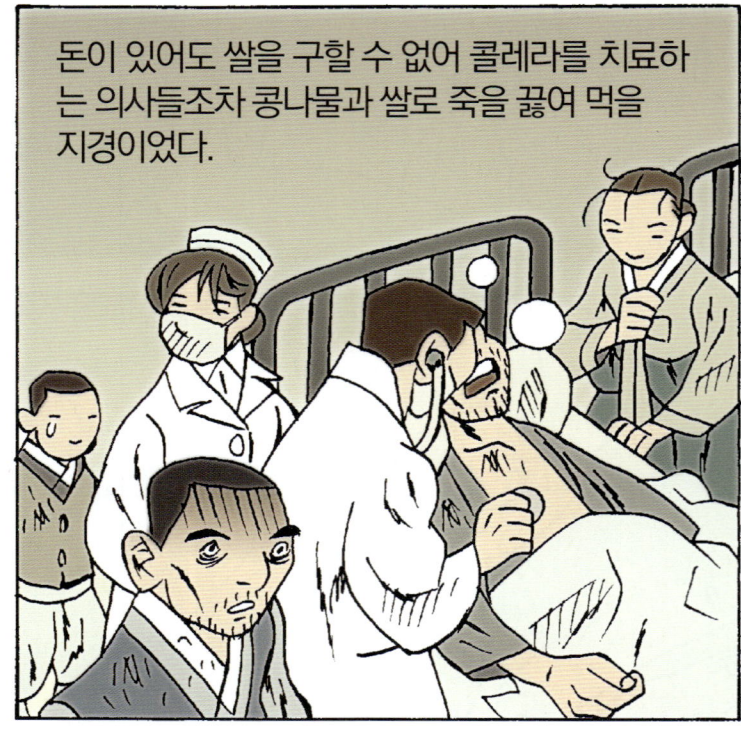

돈이 있어도 쌀을 구할 수 없어 콜레라를 치료하는 의사들조차 콩나물과 쌀로 죽을 끓여 먹을 지경이었다.

굶주림이 극에 달해 있었다.

일제 강점기 공산주의운동의 주요 거점이던 대구에는 정재달, 이병기, 황태성, 정운해, 김관제 등 40대의 노련한 지도자들이 포진해 있었다.

이들은 대개 박헌영의 중앙당과 유대가 깊어 분파들이 거의 힘을 얻지 못하는 지역이기도 했다.

따라서 9월 총파업 지시도 어느 지역보다 충실히 수행되었다.

대구의 전평 지도부는 9월 23일부터 총파업에 돌입하여

10월 1일까지 파업과 시위가 계속되었다.

그런데 10월 1일 저녁,

시위 중이던 대팔연탄 노동자 황말용과 철도노동자 김종태가 경찰의 총에 맞아 사망하는 사건이 일어났다.

다음날 아침, 소식을 들은 노동자들이 시내에 집결하기 시작했고,

굶주린 일반 시민과 학생들도 합세했다.

시위대는 1만 명으로 늘어났으며, 대구경찰서는 시위대에 점령당하기도 했다.

그런데 이때 거리 한쪽에서 흥분한 군중과 경찰관 사이에 충돌이 발생해

17명의 시위대가 사살당하는 사태가 벌어졌다.

분노한 군중은 폭도로 변했다.

군중은 사람들 사이에서 동향을 살피던 정·사복 경찰관들을 구타하거나 경찰 무기고를 털어 총기로 무장했다.

평화시위가 폭동으로 돌변하자 일부 젊은 공산당원들은 시위의 선봉에 섰으나

고참 당원들은 어떻게 수습할지 몰라 뒷전에서 이리 뛰고 저리 뛰어다니기만 했다.

총성과 화염으로 뒤덮인 극도의 혼란 속에서도 민중 봉기의 고유의 미덕을 보여주었다.

탕 탕

부잣집과 친일파들의 가옥을 털어 옥양목이며 설탕, 밀가루, 쌀 같은 것들을 약탈했지만

각자 갖고 달아난 것이 아니라 길바닥에 쌓아놓고 필요한 사람에게 나눠주었다.

경찰관을 집단폭행하거나 죽인 것은 그들 대부분이 일제 강점기부터 조선인들을 괴롭혀온 친일경찰이었기 때문이었다.

미군정은 10월 1일 군중이 모일 때부터 탱크와 장갑차를 시내로 진입시켜 무력진압을 준비하고 있었다.

폭동이 일어나자 미군 탱크와 장갑차는 그대로 시민을 밀어붙여 거리를 봉쇄했다.

또, 대구 시민에게 동정적이던 지역 출신 경찰들을 철수시키고 충청도에서 경찰관을 차출해 시내로 진입시켰다.

충청도 경찰관들은 시위대를 향해 조준사격을 가해

9월 29일

대원각에 숨어서 총파업을 지도하던 박헌영은 파업이 가라앉던 이 무렵

북한을 향해 출발했다.

남북 관계의 경색과 함께 삼팔선 왕래는 엄격히 차단되고 있었다.

박헌영은 남한에서의 활동에 미련을 버리지 못한 채 한 달이나 요구를 거절하다가

어쩔 수 없이 그 뜻에 따랐던 것이다.

다시 돌아올 기약이 없는 길이었다.

분단으로 치닫는 상황에서 통일된 조국을 세우고자 몸부림쳤던 날들이……

멀어져가고 있었다.

박헌영은 북으로 올라가 외무상이 되었다.
그는 원칙주의자로 자신의 신념을 굳게 지켰다.
박헌영은 남한에 진주한 미국을 맹목적으로 배척하려는 의견에 맞서
미국과의 외교를 주장했다. 그만큼 그에게는 남북분단을 막고
민족통일의 길을 열어내려는 간절한 열망이 있었다.
미제의 간첩으로 몰려 숙청됨으로써 박헌영은 비운의 혁명가로
역사에 기록되면서 남과 북 모두에게 지워진 사람이 되었다.

-끝-

출간에 도움을 주신 분들

각현스님(연꽃마을 이사장)
강신옥(변호사)
김중권(화가)
김도현(정치인)
김동국(해남종합병원 원장)
김동섭(해남종합병원 이사장)
김동춘(역사문제연구소 소장)
김병화(전 한양여대 교수)
김상철(전 민예총 사무총장)
김성동(소설가)
김세균(서울대 명예교수)
김용태(전 민예총 이사장)
김윤기(서울 민미협 회장)
김정기(전 서원대 총장)
김정남(한국문명교류연구소 이사장)
김종철(전 언론인)
김지하(시인)
김판수(사업가)
노경래(법무법인 화우대표)
대원스님(각원사 주지)
도후스님(낙산사 주지)
박영숙(사업가)
박재동(한국예술종합학교 교수)
박재란(이정기념사업회 총무)
박호성(서강대 교수)
서중석(전 성균관대 교수)
성관스님(수원사 주지)

성대경(전 성균관대 교수)
성월스님(용주사 주지)
성주스님(경기 경찰청 경승고문)
성직스님(불교신문 사장)
세영스님(수원사 주지)
손호철(서강대 교수)
손석춘(새로운 사회를 여는 연구원 원장)
송기원(소설가, 중앙대 초빙교수)
송호창(국회의원)
신경림(시인)
안재성(소설가)
안종관(희곡작가)
양승태(이화여대 교수)
여운(화가)
여태명(원광대 교수)
염무웅(문학평론가)
오종우(희곡작가)
원경 대종사(조계종원로의원)
유병윤(만화가)
윤해동(성균관대 연구교수)
이도윤(시인)
이병창(가승미디어 대표)
이부영(정치인)
이시영(시인)
이이화(역사학자)
이택휘(전 서울교대총장)
이해찬(전 국무총리)

일면스님(호계 원장)
임경석(성균관대 교수)
임동석(건국대 교수)
임옥상(화가)
임재경(언론인)
임진택(공연 연출가)
임헌영(문학 평론가)
임혁백(고려대 교수)
임현진(서울대 교수)
자승스님(대한불교조계종 총무원장)
장두환(전 역사비평사 대표)
장명호(전 아리랑TV 사장)
장선우(영화감독)
장효백(이정기념사업회 사무장)
정완스님(청용사 주지)
종상스님(경주 불국사 관장)
종호스님(제석사 주지)
지선스님(백양사 총림방장)
청우스님(낙가사 주지)
최갑수(서울대 교수)
최민(시인)
최상룡(전 주일대사)
최희완(동아대 교수)
허유(화가)
황석영(소설가)

ⓒ 이정기념사업회(박병삼)

※ 이 책의 그림을 포함한 모든 저작권은 이정기념사업회(박병삼)에게 있습니다.

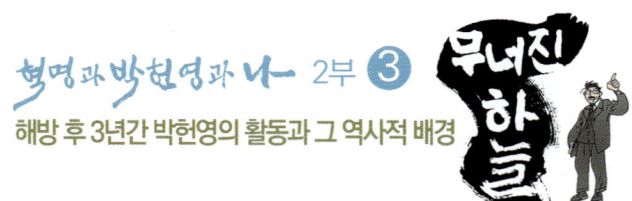

발행 | 2021년 2월 26일 글쓴이 | 유병윤·김용석 그린이 | 유병윤 교정 | 정난진·한영수 펴낸이 | 정순구 책임편집 | 정윤경
기획편집 | 조수정 조원식 마케팅 | 황주영 출력 | 블루엔 용지 | 한서지업사 인쇄 | 한영문화사 제본 | 한영제책사
펴낸곳 | (주)역사비평사 출판등록 | 제300-2007-139호 (2007. 9. 20) 주소 | 경기도 고양시 덕양구 화중로 100, 506호 (화정동 비젼타워21)
전화 | 02) 741-6123 팩스 | 02) 741-6126 메일 | yukbi88@naver.com 홈페이지 | www.yukbi.com
ISBN | 978-89-7696-444-1 07910 [978-89-7696-441-0 07910 (세트)]
값 18,000원

※ 책값은 표지 뒷면에 표시되어 있습니다. 잘못 만들어진 책은 구입하신 서점에서 바꾸어 드립니다.